自分らしく歌うがいい

不登校なんかで壊れるな「家族」

C＆S音楽学院 学院長　毛利 直之

学びリンク

はじめに

「これまで誰にも負けないくらい愛情をそそいできました。
子どもが望むことは全部と言っていいほど叶えてやったつもりです。
欲しいと言えば何でも与えてやりましたから。
でも、いまは何を考えているのかわからないんです。
何が不満なのかもわかりません。
もう何も話してくれません。
どうすればいいのでしょうか。
誰にも相談できないし……。
中学校はほとんど行ってなくて、
こちらの学校だったら興味があるって、子どもが言うものですから。
話を聞いて来てくれ——。
そう子どもに言われてうかがいました」
途中、母親は何度も涙を拭《ぬぐ》いながら心細そうに言いました。

2001年に福岡県で高校の卒業資格が取れる音楽学校「C&S音楽学院」を創設した私は、これまで保護者のこうした悩みと何年も向き合ってきました。

しかし、そもそも私が創ろうとした学校は、こうした不登校など既存の学校に通えない子どもたちを受け入れるための教育施設ではなく、中学を卒業した生徒がロックやポップスを本格的に学ぶ音楽専門の学校でした。

それまでの中学生の多くは、嫌でも一度は普通の高校に進学し、それから専門学校に進むというのが一般的でした。

そこで、私は中学卒業後、すぐに専門学校と変わらないトレーニングができ、なおかつ高校の卒業資格が取得できるという、音楽好きの生徒には夢のような学校を創ろうとしたのです。ですから、開校前に私が抱いていた本校のイメージと言えば、「プロミュージシャンを目指し、競うように練習に励む生徒が集い賑わっている」、そんな光景でした。

ところが、いざ開校してみると、もちろん音楽に対して志の高い生徒もいたのですが、半数くらいの生徒は「ほかの高校には行けなかった……」、つまり不登校と呼ばれる子どもや、校門からはじかれてしまった子どもたちが入学して来たのです。

「実は小学校5年のころから学校に行っていません」とか。

「いや、うちは幼稚園からずっと……。ですから、学校と名の付くところには通ったことがありません」とか。

願書の「短所」欄に〝ひきこもり〟と書いてきた生徒までいました。

保護者たちは「ほかの学校には行けないけど、音楽が好きだから、ここだったらなんとか通えて、高校の卒業資格も取ってくれるんじゃないか」と、すがるような思いで我が子を送り出していたのです。


しかしながら、そんな生徒たちが音楽の力によって、まるで美しい奇跡を見ているかのように変わっていったのです。

それは技術の習得だけに留まらない本校の教育が、生徒たちのこころに直接アプローチをかけ、本来音楽が持っていた教育的要素を浮かび上がらせた証でもありました。

母親に対して横柄な態度を取っていた子、感情を抑えきれず部屋の壁に穴を開け続けた子、氷のような冷たい目で親を見つめた子、まるで貝のようにこころを閉ざしてしまった子。そんな子どもたちのこころの表面を覆っていた何層もの樹皮を、音楽の持つ力が柔らかく剥《は》いでいったのです。そうして、裸木のようにむき出しになってしまった生徒たちのこころは、寒さに震えながら「お母さん、お母さん」と叫んでいたのです。

母親から捨てられた子もいました。ＤＶを受けて育った子でさえ、悲しくなるほどお母さんが大好きでした。

だからこそ、思うのです。

たとえいまがどんな状況であろうと、子どもが母親を求め続けている限り、母親は子どもを変えていくことができます。政治や教育がどんなに立派な施策、支援を行ったとしても、母親の持つ力には及びません。


本書では、そんな本校で起こったことを、出会った生徒たちから教えてもらったことを、いま出口が見つからずに悩み苦しんでいるお母さん、これから思春期を迎える子どもを持つお母さんたちに伝えたいと思います。

〝早く、遠くまで届いて欲しい〟との想いが、本書というカタチになりました。


慌ただしい日々に追われながら、必死に子育てに向き合っているお母さん。

せめて、この本を読んでいる間だけでも立ち止まり、子どもたちのこと、子育てを取り巻くさまざまな現実を、もう一度見つめ直してみませんか。

そうすれば、きっと見えてくるものがある、聞こえてくる声があると思うのです。

そして、忘れていた大切なものを、もう一度思い出すことができると思うのです。

目次

第1章　いま、子どもたちに何が起こっているのか

1．子どもが学校に行けないことで追い詰められる家庭

ある日、私の学生時代からの友人から電話がありました。

「ちょっと相談があるんやけど、いまから時間取ってもらえんかいな？」

お互いが社会人になってからでも、何かと会う機会が多く、会えばいつも冗談ばかり言っているような男でしたので、その沈んだ声の調子に「仕事が思わしくないのかな」と、電話を切った後も心配しながら待っていました。

やがて、やって来た彼。

「実は、子どものことでね」

挨拶もそこそこに話し始めた彼は、とても疲れた表情をしていました。

聞くところによると、彼の長男は高校野球の名門校に入学。寮に入ったまでは良かったのですが、1か月過ぎたころから、毎朝のように「頭が痛い」と寮から保健室に直行するようになったと言います。やがて、「寮を出たい。通学に変えて欲しい」と頻繁に訴えてくるようになりました。

両親も「何かあったんだろう」と心配していました。ただ、「自分が望んで入学し

た高校なのに、こんなに早く挫《くじ》けてどうする」という思いが強かったため、「頑張らんか！」と叱咤激励《しったげきれい》を続けたそうです。

そんななか、長男は練習中にひざを傷め、手術を受けることになります。その手術は夏休みに行われ、長男はリハビリのため、お盆明けに実家に戻って来るのです。

このころから様子がおかしくなったそうです。

「もう学校には戻らん」そう言って布団から出てこなくなり、諭《さと》す母親に乱暴な口をきき始めました。

そうなれば父親としても黙ってはおれません。

「何や！　親に向かってその口のきき方は！」

そう言って間に入った彼に、やがて長男は暴力を振るうようになったと言います。

小さいころから父親が監督をしている少年野球チームでボールを追いかけていた長男。あこがれの高校に入ったら指導者となるための多くを学び、将来は「体育の先生になって、野球部の監督として甲子園を目指すんだ」と目を輝かせて話していた子だったそうです。

そんな息子のためにと、父親である彼も自宅裏の田んぼに土を入れ、練習用のグラウンドにしたほどでした。

親子して甲子園を夢見て来たのでしょう。

しかし、自慢のそんな息子が朝になっても布団から出ようとせず、心配する母親に罵声を浴びせ、仲の良かった弟にまで馬乗りになって首を絞め、父親に暴力を振るうのです。

「みんなお前らのせいや！」という言葉とともに。

まさに地獄のような日々だったと思います。

「俺も負けちゃおれんけんね。掴《つか》みかかってくる息子の手を振りほどこうとするっちゃけど、あいつも大きくなってね。あるとき息子が手加減したのがわかったのよ、俺にね。何て言うか、もうどうしていいか……。おかげで、親父はあざだらけよ」と彼は目を潤ませ、寂しそうに笑いました。

そう話している最中にも、彼の携帯の着信音が鳴ります。

《まだ退学届けを出していないのかと、いま（長男が）暴れている》

という奥さんからのメールでした。

私は手元にあった子育てに関する資料を彼に渡し、「読んでくれ、親が変わればきっといい方向に行くから」と伝えました。そして、たまたま翌日に予定されていた私の講演会に、「急やけど、ぜひ奥さんと参加してくれ」と誘ったのです。それは地元のＰＴＡ主催の保護者のための講演会で、彼の自宅近くの小学校で予定されていました。演題は『子どもたちからのＳＯＳ～不登校児が教えてくれたこと』で、まさに彼ら夫婦にいま、聞いてもらいたい内容だったのです。

翌日、彼は奥さんを連れて参加してくれました。

講演会終了後、「聞いていて、涙をこらえるのに必死やった。息子に申し訳なかったなあって思う」と言い残し、帰っていきました。

２週間後、彼の家を訪ねてみました。

窓から顔をのぞかせた彼は、私を見るなり「おう、入れ」と手招きをして迎えてくれました。

「どうや、その後は？」と玄関のドアを閉めながら私が聞くと、彼は両手を広げながら「ハッピー」と笑顔で答えたのです。

「はあ？」

そのあまりの変わりように、私の方が驚いてしまいました。

彼が言うには、あの日私の講演を聞いた後は、どこかまだ半信半疑だったそうです。しかし、もうほかに方法もないことから、「とにかく今日聞いた話を夫婦して実践してみよう」ということになったのだそうです。

やがて変化は彼ら両親のほうから表われたと言います。

息子の気持ちをわかってやりたいという想いが強くなるほど、自分の気持ちに気づかされたと言うのです。

彼の隣に座った奥さんは、「ここで逃げたら、どこに行ってもまた同じことを繰り返すことになるんじゃないかと思い、私はあの子に『頑張って欲しい』と言ってきたんですね。でも実は私が世間体を気にしていただけなんです。きっとあの子にもそれが伝わっていたんだと思います。本当にあの子に申し訳ないことをしました」

そう言って涙を拭いました。

「結局、息子が甲子園に行くっていうのは俺の夢やったんよ。親の夢を息子に勝手に押し付けていたんかもしれん。それなんに可哀想に。必死でSOSのサインを親に送っていたのに、俺はただの甘えとしか受け取れんやった。苦しかったろうと思うよ」

彼はそう気づいたそうです。

それでも講演を聞いた直後は、子どもの気持ちを受け止めて理解してやることで、学校に復帰してもらいたいと思っていたらしく、「きっと、その下心を息子は感じ取っていたんやろうと思う。だけん何も変わらんやった」

でも3日目に、彼は息子に「嫌ならもう学校辞めてもいいぞ」と、こころから伝えたのだそうです。

そのときの息子のうれしそうな顔は忘れられないと言います。

その夜は遅くまで、久しぶりに父と子で将来について話し合いました。

「高校を辞めたら、もう先生にはなれんけん。指導者の夢はあきらめるけど、ひざの治療で知った医学療法士という仕事に就きたいと思っとう。通信制高校で卒業資格を取ったら、専門学校に行って資格を取りたい」

　息子さんはうれしそうに話してくれたそうです。

「息子なりに、苦しみながら考えていたんや。そう思うと切なくなってね。力任せに息子を責めてばかりいた自分がずいぶん身勝手に思えたのよ」

　彼もティッシュを目頭にあてていました。

　そしてその翌朝、息子さんはなんと朝5時に起き、野球の試合に行く弟のために弁当を作ったのだそうです。

「お母さんね、こうしたら食べやすいとよ」と、試合の合間にも食べられるよう、おにぎりとおかずを小さく分けていたとのこと。

　弟も、よほどうれしかったのでしょう。「兄ちゃんの作ってくれた弁当、お母さんのより美味しかったよ」と母親に憎まれ口を叩いたのだとか。

「何年かぶりに、兄弟で楽しそうにキャッチボールをしている姿を見ることができました」

　そう言いながら母親はまた泣きました。

結果的に息子さんは高校を辞め、その後、少年野球の指導を手伝いながら、通信制高校で卒業資格取得を目指すことになりました。

「ちょっと待て、まだ夢はあきらめんでいいちゃない？」

彼の言葉を遮《さえぎ》り、私はそう言いました。

もちろん、専門学校にも進めますが、４年制大学にだって進学できるのです。通信制高校から国立の名門大学に入学する生徒だっていますから、そうして入った大学で教員免許を取得し、高校の先生になり、監督として甲子園を目指す道はまだ残っているのです。

つまり可能性は何も失われてはいないのです。

山を登る道はひとつではありません。家族がいがみ合うこともなく、責め合うこともなく、昔のように、明るく仲良くしながら夢を追うこともできるのです。逆に、私は大きな挫折を経験したからこそ、良い指導者にもなれるのではないかと思うくらいです。

であるなら、この友人家族を崩壊の淵まで追いやった今回の出来事とは、いったい何だったのでしょう？

子どもが学校を辞めることが、果たして親子関係を壊してしまうほどの代償を必要とするのでしょうか？

家族が罵り合い、殴り合い、両親も兄弟も、そして本人をも悲しみのどん底に突き落としたものとは、いったい何だったのでしょうか？

私たちは、その答えに、もう気づかなければならないと思うのです。

2. 音楽学校に集まった「不登校生」たち

ミュージシャンをやっていた私が、ロックやポップスを学びながら高校の卒業資格が取得できる音楽学校「C&S音楽学院」を福岡市の早良区《さわらく》に開校したのは2001年春のことです。

校舎はソフトバンクホークスのホーム球場として知られる福岡ドームや、おしゃれな高層オフィスビル、マンションが林立する福岡の西方副都心から2キロほど南に入ったところに位置しています。

現在は4階建ての自前の校舎ですが、開校当初は国道沿いの8階建てオフィスビルの2フロアを借りて運営していました。

高校コースの生徒数は毎年80名前後で、九州はもちろん、南は沖縄、北は北陸、これまでには東北からやって来た生徒たちもいました。県外の多くの生徒は提携先の学生専門寮に入りますが、なかには遠く熊本から片道約2時間半かけて通学して来る生徒もいます。

卒業生には、2006年、スタジオジブリの映画『ゲド戦記』の主題歌でデビューし、2011年夏には同じくジブリの『コクリコ坂から』の主題歌で再び話題をさらった高校コース3期生の手嶌葵がいます。また、2012年4月には音楽専攻コースのMyが、同年8月には高校コース4期生のN．O．B．U!!!がそれぞれメジャーデビューを果たしました。

さらに、ヤマハ主催の全国最大規模のコンテストでは、開校から11年間で5回、本校生徒が九州代表となり、全国大会では2010年、2011年に優秀賞を連続して受賞しています。2006年にはソニーミュージック主催「ティーンエッジオーディション」の全国大会で、ファイナリスト10組のなかに本校生徒が2組入り、2011年にビクターが主催した「ビクターガールズヴォーカルオーディション」では、ファイナリスト6名のなかに2名が入るなどの実績を重ね、いまや中央の音楽業界からも熱い期待が寄せられる音楽学校へと成長することができました。

私は短期間でこれだけの結果を出せた要因のひとつに、本校に集まった多くの不登校生たちの存在があったと思っています。

不登校を経験した生徒のなかには、幼いころから他人より感受性が強すぎたり、個性的すぎたりすることで、周りと上手く馴染めず、疎外され、学校に行けなくなってしまう子がいます。

しかし、その独特の感受性が本校で音楽と結びついたとき、まるで化学反応を起こしたかのような輝きを見せるのです。それは常人がいくら努力を重ねても、なかなか表現することは難しいと思われるほどの眩しさなのです。

つまり、〝不登校やひきこもりの原因をつくったものは、音楽的才能だったのではないか〟と思うほどです。

私はそれまで教育の勉強をしてきたことはおろか、そうした職場で働いたこともありませんでした。不登校の子どもたちとどう接していけばいいのか、当初はひどく戸惑いました。

しかし、子どもたちはもう目の前にいるのです。

まさか、「そんなつもりじゃなかったんで……」とお断りすることもできず、その日から、そうした生徒たちと真正面から向き合う日々がスタートしたのです。

人生のある時期に、ただ学校に行けないというだけの理由で「あなたを殺して私も死ぬ」というところまで追い詰められたご家庭があることを初めて知りました。手首から肩口まで続くようなリストカットの跡を見せてきた女の子もいました。

また、こちらが真剣に話していても、いつも大人を小馬鹿にしたようにへらへらと笑って茶化していた男の子がいました。しかし、あるときその子は「俺は小学生のとき学校の先生にいじめられた。こうでもしなけりゃ生きてこれんやったんや」と声を挙げて泣いたのです。

さまざまな問題を抱え、やって来る生徒たち。

でも、そうした生徒たちとともに過ごしていくなかで、その問題のほとんどは、彼らのなかにあるのではなく、〝彼らを取り巻く大人や社会が抱えているもの〟だと気づきました。

彼らは敏感で、純粋であるがゆえに、最も強いダメージを受けていたのです。そして、傷つきながら叫ぶようにして私たちに問いかけていました。

「いまの学校はこのままでいいのですか？」

「教育のあり方は本当にこのままでいいのですか？」と。

彼らを評価する前に、彼らの弱さを責める前に、責任ある大人の一人として、きちんと答えを返してあげなければならない。そう強く考えるようになりました。

3．私たちが失っていた4つの〝教育的ちから〟

いったいどんな環境で、どんな経験をすれば、子どもたちはこれほどまでに傷ついてしまうのだろう——。

いま「学校」はどうなっているのだろう——。

そんな疑問を持っていたことから、私の息子が通う中学校のＰＴＡへの参加依頼のお話があったとき、迷わず引き受けることにしました。

どちらかと言うと、子育ては「母親まかせ派」の私でしたので、それまでＰＴＡには関わったこともありませんでした。にもかかわらず、何の予備知識もないままいきなり会長職を引き受けてしまったので、最初のころはとても驚くことばかりでした。

特に会長のほかに兼任が7つくらいついてきたことには面食らいました。しかし、そのおかげで、これまでまったく接点のなかった地域の自治協議会の方々や公民館館長・運営スタッフ、保護司、学校サポーターと呼ばれる方々など、高い問題意識と使命感にあふれた多くの方々と知り合う機会に恵まれました。

そこでは当然、話題は子どもたちのことが中心になります。なかでも非行や不登校の話になると、決まって「いまの親の育て方が……」とか「家庭での教育力が落ちた」などという意見を聞くようになったのです。

ただ、「家庭の教育力」は本当に落ちたのでしょうか？

私の答えは「Ｎｏ」です。そうは思いません。

いまは少子化のため、一家庭あたりの子どもの数が少なくなっています。そのため、親が一人の子どものためにかける労力（時間や教育費など）が以前より高くなっているのです。本屋さんやインターネットを見ると、子育てに関する情報があふれており、その関心の高さがうかがえます。どの時代と比べてみても、現代の母親ほど子どもの教育に熱心な世代はこれまでなかったのではないでしょうか。

それなのに、いじめはいっこうになくならないばかりか、さらに陰湿化しています。不登校や引きこもりの子どもは増え、凶悪犯罪の低年齢化が進み、ニートは増え続けているのです。

私は、実は家庭での教育力が落ちたのではなく、子育てを取り巻く環境が大きく変化したのだと思うのです。それは、これまで見えないところで子育てを支えてくれていたさまざまな〝教育的ちから〟が失われてしまったことにあると思います。

　そのことに気づかず、何かあれば「やっぱり最終的には家庭教育だ」と〝親のせい〟にしてきたことで、問題の本質を見失い、問題解決に向けた確かな手が打ててこなかったのではないか。そんな気がするのです。

　ここで、私たちが失ってしまったいくつかの〝教育的ちから〟を挙げてみようと思います。

子どもを地域で育てる必要性

　まずそのひとつは、地域で子どもを育てていく〝必要性〟です。

　もちろん、いまも地域の関わりで子どもを健全に育てていこうと一生懸命頑張っておられる方々のことは、先にも述べましたように、よく知っているつもりです。登下校時の横断歩道で、雨の日も雪の日も子どもたちを見守っていてくれている。そんな方々の姿を見るたびに、いつも、いつも頭が下がる思いがします。

　私がなくしてしまったと感じているのは、そうした子どもたちを見守ろうとする〝こころ〟ではなく〝必要性〟のことなのです。

　そもそも農耕民族である私たちの先祖は、数世代前までは村落を形成し、力を合わせながら寄り添って生きていました。田植えや稲刈りともなれば、ひと家族だけでは作業が追いつかないことから、「もやい」や「五軒組」などと言ったチームで作業をしていたのです。今日はAさんところの田植えで、明日はBさんのところと、1軒、1軒の農作業を協力し合って行うのです。

きっとそうした社会においては、Aさんのところで産まれた子どもはチームにとっても大切な明日の労働力であり、村の共通財産であったはずです。そのため、村全体でその子を健全に育てていく〝必要性〟があったのです。

ですから、よその子どもでも間違ったことをしていれば、誰かれなく見かけた人が遠慮なく叱ったことでしょう。そして、そのことがいまのように大人同士のもめ事に至ることなどありえませんでした。

要するに、子どもは〝社会で育てていくもの〟だったのです。

親が働いていて目が届かないときでも、村で遊ぶ子どもたちには多くの教育的視線がそそがれ、みんなが関わり、守り、育ててくれていたのです。

ところが農業を生業とする家が減っていき、村社会が崩壊していく過程で、こうした子どもたちを取り巻く地域の構造が変わり、いつしか子どもを地域社会で育てていかなければならないという〝必要性〟が失われていきました。

いまでは隣の子が良い子に育とうと、そうでなかろうと、自分の暮らしに直接影響を受けることはそうありません。

マンションなどの集合住宅では、隣の子がどんな子かさえ知らないという話も珍しくはなくなりました。

個人主義化が進む現代は、確かに煩《わずら》わしい人間関係から解放されたように見えますが、失ってしまったものも大きかったように思います。

四六時中、子どものそばにいてあげることなどできないのに、親は子育ての責任から、我が子を自分たちの力だけで見守らなくてはならなくなってしまったのです。

地域全体が関わって子どもを育てていかなければならない〝必要性〟。これを「コミュニティの変化」によってなくしてしまったのです。

大いなるものへの畏敬の念

2つ目に私たちがなくしてしまっていたものは〝大いなるものへの畏敬の念〟ではないでしょうか。

私が子どものころの社会には、「目には見えないけれど、人として越えてはいけないライン」というものがしっかりとありました。

人が見ていなかったとしても、何か悪いことをすれば、天罰のようなものが下るという〝怖さ〟があり、それもやはり社会が持っていた〝教育的ちから〟でした。

なぜなら、農・漁業はまさに自然との共存であり、太古の昔より人は航海の安全を海の神に祈り、豊作を山の神に祈ってきました。そうしながら内なるおごりを戒《いまし》め、自然に対して〝畏敬の念〟を持って生きていたのです。神を怒らせれば海が荒れ、山が揺れ、人間の存在などひとたまりもなく押し潰されてしまうのです。

だから、「人の目はごまかせてもお天道様はお見通しよ」という規範が成り立っていたのです。

ところが便利さを追い求めた近代文明は、人間の力で自然を追いやり、屈服させようとする歴史を歩んできました。

私たちは、夏は涼しく冬は暖かい、一年中コントロールされた生活空間で暮らし、雨であろうと濡れることなく目的地まで移動できる手段を手に入れました。

便利さを追求するあまり、日常生活は自然から切り離され、ひんやりとした土の感触を足の裏で感じることも、ホタルの乱舞に目を奪われることも、満天の星空を見上げることも、子どもたちの日常から遠ざかっていったのです。

やがて〝大いなるもの〟の存在が希薄になったことで、「ズルをしてでも、見つからなければそのほうが得」という考えが広がっていきました。

そうなれば当然のようにひき逃げも多くなり、弱い者いじめも増えるでしょう。お年寄りのわずかな年金を狙った詐欺も増え、そうして騙し取ったお金でも、平気で美味しくディナーを食べることができるような感受性も育っていったのです。

いつしか「罰があたるよ！」と子どもを叱る母親の声を聞くこともなくなってしまいました。

こうして、大人が目をそそがなくてもしっかり子どもを規制してくれていた絶対的な規範を失ったのです。

〝大いなるものへの畏敬の念〟は、こうした「生活の変化」によってなくしてしまったのです。

親に対する尊敬の念

そして、3つ目になくしたものは〝親に対する尊敬の念〟かもしれません。

農・漁業の家では、成長する子どもの力に応じて、家での仕事があてがわれていきます。そして仕事のやり方、技術はすべて親から子に伝えられていったのです。

また、雨の日にはどうすればいいのか、風の日には……と、その対処法も親から教わりました。経験から得た親の深い知識と技術は、子どものこころに親に対するあこがれと尊敬の念を抱かせるに充分な説得力を持っていたことでしょう。だから親は一生懸命に仕事を頑張ってさえいれば良かったのです。

朝暗いうちから畑に出て、夕方暗くなるまで夫婦して働き尽くめ。子どもたちはその背中を見ながら〝親に対する尊敬の念〟を抱いていたのです。

ところが、現代ではその逆の現象が起こっています。親が子どもから教えてもらうことが多くなってしまいました。

携帯電話やパソコンの使い方、テレビ番組の録画方法。「これ昨日教えたじゃん」と言う子どもの声は、いまではどこのご家庭からでも聞こえてきそうです。

さらに現代は、子どもの見えるところで仕事をする親の姿が少なくなってしまいました。

職場ではてきぱき仕事をこなしているお父さんでも、子どもが目にするのは、休みの日に家でごろごろして、腹を出して眠っている姿になってしまったのです。

さらに、給料が銀行振り込みになったことは、お父さんにとっては痛かったですね。

私の父の世代までは、月に一度の給料日を家族みんなで待ち焦がれていました。その日ばかりは父親は誇らしげに母親に給料袋を渡し、子どもたちも、家族のために働いてくれた父親にこころからのお礼を言って労をねぎらうという儀式が行われていたように思います。

でも、もうそんな光景はどこにもありません。

子どもたちが目にするのは、銀行から給与を引き出してきた母親から小遣いをもらっている父親の姿なのです。

「もうちょっと小遣い上げてもらえないかな……」

そう言って、母親の顔色をうかがう父親の姿なのです。

こうして親の尊厳は音を立てて崩れ落ち、もはや父親も子どもにとって怖い存在ではなくなってしまったのです。

このことが及ぼす子育てへの影響は計り知れないものがあると私は思います。それについては改めて第3章で詳しく述べようと思います。

このように〝親に対する尊敬の念〟は、こうした「社会システムの変化」によって失ってしまいました。

教師への畏怖心

4つ目は、〝教師への畏怖心〟がなくなってしまいました。これには親の責任もあるかと思います。

およそ50年前まで、学校の先生は絶対的な存在でした。

「先生は間違いなど犯さない」

「先生から叱られたら生徒のほうが悪い」と決まっていたのです。

だから「先生から叩かれた」などと家に帰って親に言おうものなら、もう一度親から叩かれました。

ところが最近では「あの先生ちょっとおかしかろうが。明日、お母さんが学校に行って、ちゃんと聞いてくるから」などと親が言ってしまうものですから、子どもたちからまたひとつ怖いものがなくなってしまったのです。

「教育委員会に言いつけるぞ！」

そう言って先生に詰め寄る小学生がいるそうですが、果たしてこれは幸福な子どもの姿でしょうか。

学校の先生が偉かったのは、親たちがそう教えたからなのです。

こうして親は、子育ての大切なパートナーである学校の先生の力を自らの手で葬ってしまったのです。

そして、外国の子どもたちが当たり前のように答える「親を尊敬している」「学校の先生を尊敬している」という言葉を、いまや日本の子どもたちの口から聞くことが珍しくなってしまいました。

4．怖いものがなくなった子どもたち

こうして怖いものがなくなった子どもたちは、我が物顔で街を闊歩《かっぽ》し始めました。

中学生が制服を着たまま歩道でタバコを吸っています。「注意するならしてみろ」と言わんばかりです。

その子がどんな大人になろうが、さしたる影響を受けなくなった大人たちは、身の危険を冒してまで注意しようとはしません。

原付バイクを二人乗りして、追いかけてくるパトカーを蛇行運転で挑発する若者がいます。「無理に捕まえようとして俺らが事故に遭えば、困った立場に立たされるのはあんたたちだよ」と笑っているようにも見えます。

親や大人の力を借りなければ、まだ一人で生きていく力を持っていない子どもが、その大人に対して傲慢《ごうまん》に振舞う姿を見るほど不快なものはありません。

作家の村上龍氏はその著書『「教育の崩壊」という嘘』（日本放送出版協会）のなかで、『崩壊して機能しなくなっているのは、教師の、あるいは親の、子どもに対する「権威によるコントロール」というガバナンス・統治の方法ではないだろうか』と書いています。

家庭、学校、社会のそれぞれで、子どもたちをコントロールする力が確かに弱くなってしまっています。

高度成長期の日本では、みんなと同じように良い学校に行って、大きな会社に入り、一生懸命働けば必ず幸せになれると、親も子どもも信じていました。

そうして頑張っていれば、我が家の自転車はバイクに代わり、そして乗用車へと代わっていきました。

聴き取りにくかったラジオはテレビとなり、やがてカラーテレビに。今度は洗濯機がやってきた。電子レンジが……。こうして今日は昨日より良くなり、明日はもっと良くなることを誰もが信じて疑わなかったのです。

子どもたちからすれば、自分たちのお父さんやお母さんは、この日本を戦後の焼け野原から世界第2位の経済大国まで押し上げた立役者でした。

当時の大人は自信にあふれていました。

そんな親や周囲の大人たちを、子どもたちはきっとあこがれと尊敬を持って眺めたことでしょう。

当然、親や教師の権威によるコントロールは効きます。

「父ちゃん、どうして学校に行かないかんの?」

「みんな行きよろうが!」

「19歳でタバコ吸ったらいかんのに、なんで20歳からなら吸っていいと?」

「そう決まっとったい、屁理屈を言うな!」

そう一喝しておけば、子どもは黙るしかなかったのです。

ところが、ひと通り家庭に物がそろったところで、高度成長期が終焉《しゅうえん》を迎え、そしてバブルが弾けたのです。

明日は今日より必ず良くなるという「神話」が崩れたのです。

このとき、私たちは夢から覚め、変わらなければならなかったのでしょう。子どもたちに、これから「何を目的に、どう生きていけばいいか」を示さなければならなかったのでしょう。

でも、変わることができないまま、ずるずると幻を追い続けました。

2011年に起きた東日本大震災は、当時多くの国民に〝生きる意味〟や〝幸せのありかた〟を突きつけることになりました。

震災後は、それまで以上に人との絆を大切にしたり、ボランティア活動へ積極的に参加する人も増えました。このとき、国民の価値観が〝お金〟や〝モノ〟から〝こころ〟へとシフトした、そんなふうにも見えました。しかし、現実には児童虐待事件によって被害を受けた子どもの数は、震災前の数字をさらに上回っているのです。

私たちが変わりきれなかったことで、底流で何かが大きく変わり始めている。そんな不気味な予感がするのです。

5．子育ては〝しっかり学んで取り組むべきもの〟になった

では、そうした現実に親はどう対応すればいいのでしょう？

私は、こんな時代だからこそ、子育ては〝しっかり学んで取り組むべきもの〟になったと思うのです。

どんな仕事だって、初心者には誰かがていねいに教えてくれるというのに、人生で最も難しく、最も大切な仕事である子育てだけは、母親は誰からも教えてもらっていないのです。

そしてリハーサルもなく、いきなり「本番！　失敗は許されないぞ」とステージ中央に押し出されます。

「長男は失敗しましたけど、次はちゃんと育てますから」なんてことは許されません。

核家族化が進んだことで、子育ての先輩である自分の両親からアドバイスを受けることが難しくなりました。また、おじいちゃんやおばあちゃんがそばにいたとしても、

先輩の経験が通用しないほど、子育ての環境は急速に変わってしまいました。

ましてや不登校やニート、つまり学校に行かず仕事もしないという状態を、おじいちゃんやおばあちゃんの世代が理解することはとても難しく、かえっておじいちゃんおばあちゃんと同居しているご家族ほど、問題が複雑になり、深刻化しているケースを見かけます。

縦と横のつながりをなくしてしまった現代の母親は、ほとんど自分の主観で子育てをしていると言っても過言ではないでしょう。

与えるべきか、与えざるべきか、褒めるべきか、叱るべきか、突き放すべきか、受け入れて抱きしめるべきか……。迷いながら、悩みながら母親は日々子どもに向き合っています。

それは羅針盤を持たずに、太平洋を航海していくようなもので、やがては座礁してしまうことにもなりかねないのです。

さらに、今日の子どもを取り巻く環境は劣悪を極めています。

こころの豊かさより経済の豊かさを優先してしまった社会が、人のこころにどんな影響を及ぼすのか、子どもたちの成長にどのような結果をもたらすのかという視点がなおざりにされてきたところがある気がします。

もはや「親さえしっかりしていれば、子どもは真っすぐに育つ」と、そんなのん気なことを言えるような時代ではなくなっているのです。

テレビは「視聴率さえ取ればいい」と、まるで開き直ったかのように過激な暴力シーンやグロテスクな描写が増えました。ゲームもリアルな画像で血しぶきをあげながら相手を倒していくものがあります。

現代ほど、子どもたちに「死ね！」や「殺せ！」といった言葉を連発させている文明はなかったのではないでしょうか。

インターネットは、利用の仕方によってはこれほど利便性の高いものはありません。しかし、大人の良心のプロテクトがなされないまま、子どもたちの手に渡ってしまっています。

小さなモニター画面の向こう側で罠を張り、子どもたちを金儲けの対象として手ぐすねを引いて待ち受けている人たちがたくさんいます。

ひと昔前までは、電話は家庭に1台、ほとんどがリビングに置かれていました。だからお母さんは炊事の傍らでも、テレビを観ながらでも、ちょっと耳をそばだてていれば、いま我が子がどんな子とどんな遊びをしているのか、おおよそ見当がついたと言います。ところが電話は携帯となり、子どもの部屋に持ち込まれました。

そこから、いったいどんな相手にアクセスしているのか、親は知るよしもないのです。携帯電話やパソコンで遊ぶ子どもの姿は見ることができても、インターネットでつながった「向こうの世界」まで親の目は届きません。

いまや麻薬は画面をクリックするだけで、宅配便を使って自宅に届けられるのだそうです。つまり、危険を及ぼす人たちと付き合うこともなく、麻薬が手に入る時代なのです。

出会い系サイトをきっかけとした犯罪も後を絶ちません。

また、匿名での個人攻撃、非難中傷を可能にし、ターゲットに大きな社会的ダメージを与えることも容易にしてしまっているのです。

いつでも自分の子どもが被害者に、あるいは加害者にもなり得る。こんな卑怯を容易にしてしまうアイテムを、私たちは子どもたちに与えてしまったのです。


教育においてまったくの素人だった私は、まさに闇のなかを手探りで進むように答えを探しました。きっと、これまで関心がなかったから気づかなかったのでしょう。その気になって探したところ、先人たちが羅針盤となる素晴らしい教育書を世にたくさん残してくれていたのです。

どんなに時代が変化しても、変わらないものがあるのです。私たちは、そこに綴られた先人たちの英知の言葉に真摯《しんし》に耳を傾け、変わらなければならないと思いました。

「私なりに精一杯やっているんだから、仕方ないじゃない」と開き直ることをやめ、「子育ての失敗をさらけ出すようで恥ずかしい」と口を閉ざすこともせず、正直に「助けて！」と声を上げ、学ぶことから始めてみましょう。

それは決して、子どもたちのためだけではないはずです。

第2章　不登校生たちが教えてくれたこと

1. 梅は梅、桜は桜、大切なことは自分らしく咲くこと

この章では、私の学校で出会った生徒たちと、その生徒たちから教えてもらったことを紹介しようと思います。

それは、これまでに私が経験した失敗が「生きた教科書」になればとの思いからです。

転校生として本校にやって来た亜里沙（仮名）は、小学校6年生から学校に行けなくなりました。理由は本人にもわからなかったそうです。

心細そうに話す彼女。これまでの経験がそうさせているのでしょう。繊細で壊れやすいガラス細工のような危うさを、幼さのなかに同居させていました。

いまほど不登校に対しての理解が進んでいなかったころのことです。

毎日学校に行かず部屋で過ごす彼女に、周囲の人たちは奇異なものを見るような視線をそそいでいたと言います。その冷たい視線に耐え切れず、彼女は死ぬことばかり考えて過ごしていました。まだ生まれて来て12年も経っていないのに……。

中学生になっても亜里沙は教室に入れず、学校に行ったときは母親と一緒に保健室で過ごしていたそうです。

ところがある朝、数人の先生がやって来て、無理やり彼女を教室に連れて行こうとしたのです。それはあくまでも彼女の印象だったのでしょうが、少なくとも彼女はそんなふうに感じてしまいました。

「そのときお母さんは私を助けてくれなかった」

彼女はそう言いました。

以来、母と子の関係が壊れてしまったそうです。

話を聞きながら、「難しいな、私もその場にいたら、きっと亜里沙の母親と同じようにしたのではないか」と思いました。我が子を教室に連れて行く先生の手を払うことなんかできなかったと思うのです。

なぜなら、誰もがみんなと一緒に、教室で勉強できたほうがいいと思っているからです。

でも、実は本人だって・・・・そう思っているのです。

ただ、できずにいるのです。

では、できないことは悪いことなのでしょうか。

確かに「力が少し足りない」かもしれない。どこかが「弱い」のかも。だからといって決して「悪い」わけではありません。

いまできなくても、いつかできるようになればいい。それだけのことなのです。

それなのに、私たちはどうしても周りの子どもと比べてしまう。

もう中学生なんだから、高校生なんだから、そして社会人なんだからと、みんなと同じようにできることを望んでしまう。

でも、そんな尺度なんて実はないのです。

世のなかには、足の早い人がいれば遅い人もいます。力の強い人がいれば弱い人もいます。

弱ければ時間をかけて少しずつ強くなればいい。遅ければ少しずつトレーニングしていけばいい。そうやって誰もが力をつけていけるのです。

周りと比べながら、みんなと同じ速度で歩む必要などありません。成長にもそれぞれのスピードがあっていいのです。

梅は梅、桜は桜。

それぞれに咲き方があり、咲くべき「時」があるのです。

2月に梅が花開き、ちやほやされているからと、桜は焦って咲こうとはしません。

自分の「時」を待って、じっと力を蓄え、そして4月に爛漫《らんまん》と咲き香るのです。

だから、大切なことは「早く咲くこと」や「みんなと一緒に咲くこと」ではなく〝その子らしく咲くこと〟なのです。

子どもたちの力を信じて、やがて来るその「時」をじっと待つ――。

そんな大人の力こそが、いま問われているのではないでしょうか。

しかし、そう理解していても、私たち大人は自分の存在があるその間に、子どもたちの結果を見たいと思い、変化を望みます。

でも、それは私たちの都合であり、エゴではないかと思います。

かく言う私も、同じ過ちを犯してきました。

なかなか学校に来ることができない生徒と向き合い、「頑張ろう！」と一生懸命励ましてきました。

もちろん生徒は「はい」と答えます。なぜなら、生徒も頑張りたいのですから。

「じゃあ明日な、約束やぞ！」と握手をして別れます。

しかし翌日、約束は破られることになるのです。

「昨日、約束したのに……」

悔しさを隠しながら、数日後にやってきた生徒と向き合い、再び約束をするのです。

「いいんだ、何回でも挑戦しよう。三日坊主でもかまわん。でも４日目が大事や。４日目にもう一度決意しよう、それから３日間続けば合わせて６日になるんやから」そう言って励ますのです。

そして、3日目どころか、翌日に再び約束は破られてしまいます。

なぜ学校に来られないのか、私には理解できませんでした。

「せめて自分の決めたことだけは、やれる人になろう。約束を守れる人になろう」

いま思えばぞっとしますが、そんなことばかり言っていました。すべて「こちら側」からの正論です。

まさにそれは、「やっぱり俺は自分の決めたことすらできないダメな人間なんだ」という思いを、何度も何度も子どもたちのこころに刷り込ませていく行為だったと思うのです。

あるとき、その生徒からこう言われました。

「先生は自分がやりたいことができん人間の苦しみがわからんやろう」と。

例えるなら「自分の大好物のメロンが目の前にあり、親も学校の先生も『食べていいよ』と言っているのに食べることができない」と言っているのです。

その気持ちがわかるか？　と問われたのです。

「すまん、それはわからん」と、そのときはそう答えるしかありませんでした。

あれから10数年が過ぎ、多くの生徒たちとの経験を重ねてきました。

実はいまでも、なぜ食べることができないのか、わからないままです。

ただ、「食べたいけど、食べられないんだろう」ということはわかるようになりました。「苦しいだろうな……」と。

亜里沙も、ゆっくりと時間をかけながら、その「時」に向かっていきました。

きっかけは中学1年のとき、何気なく眺めていたテレビ画面から流れてきたのです。本校卒業生の手嶌葵が歌うスタジオジブリの新作映画『ゲド戦記』の主題歌が、劇場公開の予告ＣＭとして流れたのです。

わずか15秒のその歌声に亜里沙は釘付けとなり、意味もなくただ涙があふれて止まらなかったと言います。

早速ＣＤを探し求め、それからは毎日手嶌葵の歌を聴いて過ごしたそうです。

そんなあるとき、手嶌葵のコンサートが福岡で開かれることを知り、彼女は会場へ足を運んで行きました。

「葵ちゃんの歌声を初めて〝生〟で聴いたとき、どう思った？」

そのときの気持ちを、本校入学後に聞いたことがあります。彼女は静かに、

「……生きようと思いました」

と答えたのです。

胸が締め付けられる思いがしました。

そして、いつか手嶌葵のように、「誰かに希望や勇気を与えられるミュージシャンになりたい」と亜里沙は本校に入学して来たのです。

しかし、最初のころは登校できたり、できなかったりを繰り返していました。

本校ではギターや作詞、作曲を学び、自分の辛かったこと、苦しかったことを自作のメロディに乗せて歌いました。

自分をありのまま表現できる手段を持つことで、日常生活では必要以上に自己主張しなくて済むようになり、そこから他者のことを考えたり、受け入れる余裕が生まれてきます。

亜里沙はここで〝仲間〟と呼べる人たちにも出会いました。うれしくて、その日は泣きながら家に帰ったそうです。

学校であこがれの手嶌葵とも会い、「一緒に頑張ろう」と直接励ましてもらうこともできました。

レコードメーカー主催のコンテストにも積極的に参加するなど、彼女は音楽と仲間に支えられながら、少しずつ「生きる力」を取り戻していくようでした。

変わっていく彼女の姿が、これまでの母親と亜里沙の関係をも変えていきます。亜里沙の母親は「娘が学校に行けないのは、すべて母親である自分の子育てが間違っていたせいなんだ」と自分を責め続けてきました。

そして亜里沙は苦しむ母親の姿を見て、「私なんか生まれてこなければよかったんだ」と自分を責めてきたのです。ある時期が来れば、いつか必ず部屋を出られて社会で一人で生きていけるとわかっていたら、誰もここまで苦しむことはないでしょう。「このまま一生、部屋を出ることができないかもしれない。私たちがいなくなった後、娘はどうやって生きていけばいいのか」という不安が、母親のこころを苛《さいな》み続けてきたのです。

生きていけるかもしれない――。

音楽の力で変わっていく彼女の姿は家族に希望をもたらします。

それは、重く垂れ込めた何層もの冬の雲の切れ間から差し込む太陽の光となり、やがて根雪のように長く続いた母と娘の間の確執を溶かしていきました。そして、いつしか笑って話せるようになっていったそうです。

そして、新しい春を迎えました。

「生まれて初めての卒業式です」

亜里沙はそう言って本校の卒業式に臨み、関東の大学に進学していきました。


亜里沙の両親は桜の花が嫌いでした。

それは、これまで何度も、桜の花の下、晴れがましい表情で式典に参加する親子の姿を横目で見ながら過ごしてきたからでしょう。「どうして自分の子どもだけが」と苦しんできたからだと思います。

その年は寒さの影響で桜の開花が遅れました。おかげで、大学の入学式が行われたころの関東地方は、ちょうど満開だったと思います。

その桜をご両親はどんな思いで仰ぎ見たことでしょう。

彼女の長い冬が終わり、小さな蕾が芽吹いた気がします。

桜は桜、梅は梅。

大切なのは自分らしく咲くときが必ず来るのを信じてあげることです。

亜里沙は本校で行われた「卒業ライヴ」で、これまで心配をかけ続けたお父さん、お母さんへの感謝の気持ちを、自作の歌に乗せて伝えていました。

袴姿で歌う彼女を見ながらご両親二人して泣いていました。

「大丈夫だよ。ここから見守ってあげるから、思いっきりやっておいで」

震える背中が、そう言っているように私には見えました。

2. 誰にもその子にしかない〝ひとつ〟がある――手嶌葵の場合

さて、そんな亜里沙に「生きよう」と思わせるきっかけを与えてくれた手嶌葵。彼女は福岡市のベッドタウンとして都市化が進んだ隣の春日市から本校3期生としてやって来ました。

中学生のときに学校でいじめが起こり、それを注意したところ矛先が彼女に向けられ、不登校になったそうです。

それからは毎日自分の部屋にこもり、大好きな映画のビデオを観たり、音楽を聴いて過ごしていました。

なかでもお気に入りは、ディズニーとスタジオジブリの映画。

まさかその数年後に、ジブリ映画の主人公が自分の声で喋り、自分の歌声がその画面から流れ出てくるなんて、ディズニー映画に出てくる魔法使いでもそうそう考えつかないことを彼女はやってのけるのです。

中学3年生のときまで彼女には夢と呼べるほどのものはなく、将来は図書館の司書や美術館の学芸員がいいなと、なんとなく思っていたそうです。

ただ、普通の高校に行っても息苦しいだけだという不安もあったことから、「まずは好きな歌から始めて、視野を広げて道ができたところで次を考えていけばいい」と考え、ご両親に連れられて本校の学校説明会にやってきました。

私と初めて会ったときの彼女は、ご両親の影に隠れるようにして立っていました。しかし、モデルのようなすらりとした長身と、長いストレートの黒髪はこのころからのものでした。

次に書かれているのは、そのときの彼女から見た本校の印象です。

「自由な校風というか、個性豊かな先輩方もたくさんいらっしゃったし、学校という印象ではなかったですね。生徒さんや講師の方々のライヴを聴かせてもらい、もちろんお上手でしたが、とにかく楽しそうに歌われている姿がすごく素敵に見えました。

そのあと、両親と一緒に学院長と話すことになって……。中学のころはあまり学校の先生が信頼できなかったから、何を聞かれるんだろうと心配していたんですけど、本とか音楽とか、私の好きなことの話がほとんど。

ずっと笑顔で聞いてくださって、私のなかの先生という概念とは完全に違いましたね。先輩が楽しそうに歌われていたのは、こういう先生がいるからだろうなと思いました。

そのころは大人に壁を作っていた部分があって、笑顔でそうやって接してくれることにすごく驚いたし、親以外の大人でここまで親身に話を聞いてくれたのがうれしかったですね。

学校説明会に行くまでは、自分が新しい環境についていけるのか、たくさん考えていたんですけど、とにかく楽しそうに歌っている先輩たちを見て『あ、歌っていれば幸せなんだ。ここにいていいんだ』と感覚的にわかったんですよね。

成績とか、友だちに話を合わせられるかとか、そんな小さなことではなく、みんな音楽に向き合うことが一番で、『私はこれが好きだ』と主張していい場所なんだと」

入学後、初めて彼女の歌を聴いたとき、私は「歌うために生まれてくる人が本当にいるんだ」と驚きました。本校のディレクターが「吐く息がすでに〝音楽〟になっている」と評したほどです。美しく澄んだその声は、いくつもの物語が隠れているような深い響きを持っていました。

しかし、入学当時の彼女は、中学時代の経験から周囲に対してこころを閉ざしていました。

「私には家族しかいらない。家族以外は信じられない」と。

ところが、レッスンのたびに「いい声だね～！」と彼女が恐縮してしまうくらい、全身を使って褒めてくれる講師や、「良かったよ！」と言ってくれる同級生たちに囲まれて、頑《かたく》なになっていたこころがゆっくりとほぐれていくのです。

練習を重ね、苦手だったところを克服できたとき、「ねえ、ちょっと聴いてみて」と友だちに頼んでみたり、「この曲、葵ちゃんに合うと思うんだよね」と同級生に楽曲を勧めてもらったりと、音楽を触媒《しょくばい》にして友だちとも楽しく過ごせるようになっていきました。

その変化は家庭でも表れていて、「『先生にこう言われた』とか言ってきたぞ」「『先輩のライブを見に行って来る』とか言い始めたぞ」と、ご家族もびっくりしていたようです。

高校2年生のとき、あるコンテストをきっかけに彼女は大手レコード会社と契約するのですが、せめて高校卒業までは待とうとデビューを遅らせることになりました。ところが待っているその間に、ずっと彼女があこがれていたスタジオジブリの話が舞い込んできたのです。

そして2006年、ジブリの新作映画『ゲド戦記』の主題歌を歌い、ヒロイン役の声優にまで抜擢され、彼女は鮮烈なデビューを飾りました。

テレビに出始めたころの彼女を観た人は、おとなしいというより、少し暗いかな？という印象を抱いた人も多いと思います。まだこのころの彼女は、中学時代のダメージを残していたのです。

しかし、レコーディングの際にディレクターが「彼女の持つ〝陰り〟が、この歌の世界をもう一歩深いものにしている」とつぶやいたそうです。この話を聞いたとき、私は「してやったり！」と小躍りする思いでした。

彼女にとっては思い出したくもない辛い経験なのでしょうが、でもその経験があったからこそ、深い歌が歌えたと言ってもらえたのです。

人は「過去は変えられない。変えられるのは現在と未来だけだ」と言います。でも私は過去さえも変えていけると思っています。苦しみに負けず、苦しみを乗り越え「あの経験があるからいまの自分がある」と人が振り返れるようになったとき、過去の忌《い》まわしい経験が、自身の貴重な財産として輝き始めるのです。

手嶌葵の〝歌〟と同じように、誰もがその子にしかない〝ひとつ〟を持っています。その〝ひとつ〟を自分のものにできたとき、これまでのマイナスをプラスに変えていくことができるのです。

そして、その子にしかない〝ひとつ〟を、深い愛情で包み込みながら見つけてあげるのが、お母さんの仕事かなと思っています。

本校を卒業していくとき、私は彼女に聞きました。

「5年後には、どうなっていたい？」

するとう彼女はこう答えたのです。

「5年後には自分の本当の声で歌えるようになっていたいです」と。

もう数か月後には映画が封切られ、その後CDがリリースされることも決まっていました。テレビや新聞で「奇跡の歌声」などと騒がれていた時期のことです。

普通の女の子であれば、「5年後ですか、そうですね、武道館でワンマンコンサートをやっていたいです」とか「ドームツアーですかね」と舞い上がって答えることだろうと思います。

ところが彼女は周りの喧騒に浮かれることもなく、しっかりと自分自身の課題を見据え、ピクリとも目をそらそうとしていなかったのです。やはり、この子は本物だと思いました。

「ここは本当の私と会えた場所なんです」

そう言って、彼女は本校を卒業していきました。


その後の活躍も目を見張るものがありました。今日まで多くのCMソングを歌い、彼女の歌声がテレビから流れない日はないほどです。

次々にアルバムも発表し、その歌声の進化は「5年後」の約束を充分に果たすものとなりました。

そして手嶌葵は２０１１年にもう一度、スタジオジブリの新作『コクリコ坂から』の主題歌を歌うのです。

ジブリが同じ歌手を二度使うことは、これまでに一度もありませんでした。

３．母を想うこころから流れる涙

浩司（仮名）が本校に入学してまだ間もない、1年生の三者面談で、母親は「もう、私が言っても聞かないいんです。どうしたらいいでしょうか」とこぼしました。

隣で髪を赤く染めた長身の浩司が、眉間にしわを寄せながら「いたらんこと言うなよ」とばかりに腕組みをして親に睨みをきかせています。しつけどころの話ではありません。まるで関係が逆転しているかのようでした。

中学生のころは給食前に学校に行き、食べ終えたら自分の好きなときに帰っていたそうです。問題行動さえ起こさなければ先生はそんな彼をとがめることもなかったと言います。

本校に入学してからも、よく講師の先生とぶつかっていました。時にすごんでみせたり、悪態をつく浩司に対し、担任の先生やスタッフは決して感情的になることなく、本当に辛抱強く関わり続けてくれました。

あるとき、勝手に帰ろうとする彼を私が呼び止め、部屋で向かい合ったことがあります。

浩司は椅子にもたれたまま足をTの字に組み、小刻みにひざを揺すっていました。「何か気に食わんのか？」と私が聞くと、「気に食わん！」と彼は答えます。さらに「何が気に食わんのや？」と聞くと、「親とか学校の先生とか全部や。大人はみんなクソや！」と吐き捨てるのです。

「俺も、そのクソかいな？」と尋ねると、彼はそれには答えず、黙ったまま私をじっと見つめ、その目をそらそうとしませんでした。

「実は俺も、いまの世のなかは気に食わんと思っとうとよ」と、いつかそんなことを彼に話したことがあります。

「政治家にも、卑怯な大人たちにも腹が立ってしようがない。だけん、おまえも自分の言いたいことがあるんなら堂々と主張すりゃあいい。でもな、そんな隅っこから斜めに構えてつばを吐いたところで、おまえの言葉なんか誰も聞いてはくれんぞ。言いたいことがあるなら、ど真んなかに出て来い。多くの人たちから信頼され、慕われる人になれ。

そして少しでもいい、自分たちで変えられるところを見つけて変えていこう。

俺にとっては、うちの生徒や。おまえたちがこの学校に出会って、自分に対する誇りを取り戻して、社会に積極的に関わっていこうとする大人になってくれたら、俺は社会はもっとより良い方向に変わると信じとう。どうや？　賛成なら力を貸してくれんか」

それでも浩司は何も答えようとはしませんでした。ただ真剣な表情を崩さずに、じっと私の話を聞いていました。そして少しうなずいてくれたような気がしました。


やがて2年生になり、進路面談の場がもたれました。

浩司と母親、私と担任の４人がテーブルを挟んで向き合ったときのことです。

母親が「卒業したら、少しはしっかりしてもらわないとですね」と言ったとたん、浩司はすごい形相で母親を睨みつけ、「晩飯もろくに作らねえくせして、こんなときだけ母親面して偉そうなこと言うんじゃねえ！」と怒鳴ったのです。

ところが母親も負けてはいません。

「あんたがいつ帰ってくるかわからんからやろ！　そんなこと言うなら父親のところに行けばいい！」そう返しました。

数年前から夫婦は別居していたのです。母親は仕事を終えてから夕食の支度をしなければならず、いつ帰って来るかもわからない浩司のために食事を用意して待つこともなくなっていたのでしょう。

「おお、わかった！　親父のとこに行けばいいんやろ、そうしてやるさ」と浩司。

「勝手にしなさい！」と母親。……もう進路面談どころではありません。

「ひとまず隣の部屋に」と担任に浩司を別室に連れ出してもらいました。

部屋に残ったのは私と母親。

「もういいんです。もうあの子のことは知りません。父親のとこにでもどこにでも行けばいい」と怒りがいっこうに収まらない様子でした。

しかし、私には浩司の言葉は「お母さんが作った温かいご飯を食べたいよう」と甘えているようにしか聞こえなかったのです。

そのことを母親に伝えると、「そうでしょうか！　私にはそうは聞こえませんでしたけど！」と取り付く島もありません。

そうこうしているうちに、別室にいた担任が興奮した顔で部屋に戻ってきました。そしてこう言ったのです。

「あいつがなんて言ってると思います？　浩司は、『親が別居したんは俺のせいなんや。いっつもいっつも、ふたりの喧嘩の原因は俺やった。俺が悪いっちゃん。けど、素直に謝れんで、どうしていいかわからんで、いっつもおふくろにあんな口のきき方をしてしまう』そう言って泣いているんです」

その担任の言葉が終わるか終わらないうちに「そんなことないとに……」と母親は両手で顔を覆い、号泣しました。

中学生のころ、親の喧嘩が絶えず、そんな家にいるのが嫌になった浩司は、夜の街に飛び出し、非行を繰り返していたのです。

そのことで今度は親が学校に呼び出され、それがまた両親の喧嘩の火種になることも多かったのでしょう。浩司は両親の別居を自分のせいだと思い込んでいたのでした。

母親が落ち着くのを待って、「どうでしょうお母さん、あいつに温かい晩ご飯、作ってやれないですかね？」そう声をかけると、母親は涙をぬぐいながら顔を上げて「頑張ればできます」とうなずきました。

「じゃあ浩司にそう伝えていいですね？」そう言うと、「はい」としっかりと答えてくれました。

別室に行き、力なく肩を落とした浩司に、「お母さんが毎晩、おまえのために食事を作ると言ってくれたぞ。お母さんも仕事が終わってから支度するのは大変やと思う。だけん絶対に家で飯を食うと約束できるか？」

そう聞くと浩司は、うれしさを不器用に隠しながら、コクンと頭を前に振りました。

1週間後、学校で見かけた浩司に「どうや？　お母さん、晩ご飯作ってくれようか？」と聞くと、「うん」とうなずき、「それが、結構うまいっちゃんね」と、これまでに見たことのない笑顔を見せてくれました。

母親からは後日「夕食のおかげで、母と子の会話がずいぶん増えました」と感謝の連絡をいただきました。

3年生になると浩司は音楽にのめり込んでいき、入学当初に激しく言い合っていた講師からも「どうしたんですか？　最近レッスンに対して素直で一生懸命なんですよ。なんか可愛くてしようがないんです」と言われるようになりました。

あるとき「どうしてそんなに変わったとか？」と聞くと、「先生の言うことを素直に聞いて、その通りやってみたら上手くなっていくんが自分でもわかった。だけん、素直になったほうが得やと思ったっちゃね」と答えてくれました。

音楽のトレーニングはまるで素直になるトレーニングのようだ――。

そう言ったのは1期生の美佐（仮名）です。

「結局、表現するってことは、自分には嘘をつけないわけで、こころを開いていないと感じられないし、感じてもらえない。だからあまり話をしていない子でも『ああ、この子はこうなんだ』とか『こんなふうに考えているんだ』ってわかってくる。自分の音楽をやっている限り、素直にならざるを得ないいんじゃないかなって思う。そうやって、みんなわかり合っているんだと思う。だからこの学校にいる間中、こころを開きっぱなしなんですよね」と。

こうして浩司は音楽の前に屈し、私たちに対してまるで赤ん坊のように信頼しきった素顔を見せるようになったのです。

そして3年生の秋、「プロになりたい。高校を卒業したら専門学校に行って、音楽の勉強を続けたい」と言い出しました。

本校に入学してきたころは夢も目標もなく、「どうせ俺らは定職にはつけねえから」と吐き捨てながら、2年生までのらりくらりと過ごしてきた彼でした。そんな彼が「進学したい」と言い出したのですから、驚いたのは父親です。

今度は別居中の父親も一緒になり、母親と私と担任の5人で面談を行うことになりました。

初めてお会いするお父さんは、最初から進学には反対のようでした。

これまでの浩司をずっと見てこられたのだから無理もないでしょう。散々裏切られてきた息子に「これから頑張るから」と急に言われても、すぐに信用する気にはなれなかったと思います。

否定的な言葉を繰り返す父親に、私は「お父さんの言われていることは、ごもっともですし、よくわかります。浩司は入学してきたときは、こころが荒れてどうにもなりませんでした。でも、いま初めて彼は本気で何かやりたいと言っている気がするんです。その気持ちを大切にしてやりたいんです。

いま、彼が持っている優しさや素直さが、クラスを包んでいます。もちろんやっとスタートラインに着いたところですが、彼を信じて、応援してやっていただけないでしょうか」

一生懸命に説得をしながら、ふと横を見ると、浩司が泣いているのです。

あの横着《おうちゃく》で不遜《ふそん》な態度ばかり見せていた浩司が、肩を震わせ、歯を食いしばって泣いていたのです。

父親は浩司の涙にこころを打たれたのか、彼を応援してくれることを約束してくれました。

このとき、浩司の涙に大変驚いたのですが、なんのことはない、彼は実は見かけによらず涙もろかったのです。

やがて迎えた本校卒業式で、浩司は式の間中、声を出して泣き続けました。

おかげで友だちや、保護者、スタッフや講師の先生、後輩たちももらい泣きし、「こんなにたくさんの人が泣いているところを初めて見た」とディレクターに言わせるほど、涙、涙の式典となってしまったのです。

結局、浩司は福岡市内にある有名レコード会社が主宰する音楽学校に進みました。本校卒業後もちょくちょく学校に顔を見せてくれるのですが、最近ストリートで歌っているところを見かけたという噂も聞くようになりました。「頑張ってくれているんだな」とうれしくなります。

いくら思い出そうとしても、あの周囲を威嚇《いかく》していた、入学して来たころの浩司の顔はもう思い出せなくなりました。

第3章　すれ違う親子の気持ちを修復する

1. 子どもの〝こころの本音〟にたどり着くための関わり方

寂しいときに寂しいと言ってくれれば、子育てはそんなに難しくありません。しかし多くの場合、子どもは寂しいときに「寂しくなんかない！」と言います。うれしいときに「うれしくなんかない！」と言うのです。

子どもの表面的な態度に惑わされて、そこで言い争ってしまえば、いつまでも子どもの〝こころの本音〟にたどり着けません。

ここでは、例を出しながら「子どもの〝こころの本音〟にたどり着くための親の関わり方」を考えていきたいと思います。

これらは1970年にアメリカで出版されたトマス・ゴードン著『親業』（近藤千恵訳／大和書房）を私が学び、自分の学校で実践・展開してきたことが下敷きになっています。もし興味が深まれば是非そちらもお読みいただくことをお勧めします。

「もう学校に行きたくない」

ある日、子どもが学校から帰って来てそんなことを言ったら、あなたはどうします

郵便はがき

料金受取人払郵便

麹町局承認

4303

差出し有効期間
平成27年5月
11日まで
（切手不要）

1 0 2 8 7 9 0

216

東京都千代田区五番町10
長島ビル2F
学び リンク㈱　編集部

『自分らしく歌うがいい』係

フリガナ

お名前　　　　　（　　　歳）（男・女）

お子様をお持ちの方　人数　　　人／年齢

ご住所　〒

電話：　　　　　ご職業：

E-mail：

ご購入方法：　1：書店　　2：ネット　　3：その他

～ 学びリンク　愛読者カード ～

この度は『自分らしく歌うがいい』をお買い上げいただき、誠にありがとうございます。

今後の参考にさせていただきたいと思いますので、よろしければ以下の質問にお答えいただき、該当するものに○印をお付けください。

1．本書を何でお知りになりましたか
A：書店の店頭で　B：知人に聞いて　C：本や雑誌の広告　D：新聞で
E：インターネット（サイト名：　　　　　　　　　　　　　　　　　）
F：講演会　G：その他（　　　　　　　　　　　　　　　　　　　　）

2．本書をお読みになったご感想など、ご自由にお書きください

3．C&S音楽学院の資料送付をご希望になりますか
A：はい　B：いいえ

4．お寄せいただいたご感想などを広告等に掲載してもよろしいですか
□ 実名で可
□ 匿名なら可
□ 不可

≪ご協力ありがとうございました≫

か？　考えてみてください。

ほとんどの方がこう質問しますよね。

「どうしたの？　学校で何かあった？」

でもそんなふうに聞いても、「実は母さん、これこれこうでね、だから僕は学校に行きたくないと思ったんだ」などと理路整然と応えてくれる子どもなんていません。たいがいが「別に……」ですね。

そう言われるとあなたはどうしますか？

「じゃあ何で行きたくないなんて言うの？」

多くのお母さんがこう追求してしまうのではないでしょうか？

でも悲しいかな、こちらは相手の気持ちを聞いてあげているつもりなのです。

そしてつい「話してくれなきゃわからないじゃない」と優しく追い込んでいきます。

子どもからすれば、すでにこれは詰問になっていますね。

こうなると子どもは「うっせえな。行きたくないって言ってるだろ！　別に理由なんてねえよ！」と返してきます。

女の子の場合は少し言葉が違うでしょうが、気持ちとしては同じようなところにあるのではないでしょうか。

こうこられると、こちらも感情的になりますよね。

「理由もなく休めないでしょ！　母さん、先生に何て言えばいいの？　頑張らんね。これから嫌なことだってたくさんあるのよ。逃げて最後に苦労するのはあなたなんだから、お母さんはあなたのことを心配して言っているのよ」

これは励ましに近い脅迫です。「苦労するのはあなた！」と指さしています。

「……」

子どもは沈黙します。お母さんは「自分の言葉を受け止めようとしてくれているのだろう」と思うかもしれませんが、実は子どもは、「面倒くせえな、つまらんこと言わなきゃよかった。どうやったら早くこの場から逃げられるかな」などと考えているのです。

しばらくの沈黙から母親は冷静さを取り戻し、とどめを刺してしまいます。

「人生には困難がつきものなの。だから困難に負けない人になって欲しいの。あなたなら大丈夫。一緒に頑張ろう！」

言っていることは正しい。でも大切なことは、正しい間違いではないのです。

「自分の気持ちは母親には受け入れてもらえない」という印象を子どもが持ってしまえば、もはや母親の言葉は届かなくなります。

「……わかった」

実はわかったわけじゃない。母親にわかってもらうことをあきらめ、この場から解放されようとしているだけのことなのです。

「じゃあ明日から頑張ろうね」

「……うん」

そして次の日。

「昨日、頑張るって約束したじゃない！」と不毛のやりとりが重ねられていきます。

こうして、子どもが悩んだときに相談する相手のリストから、母親は外されてしまうのです。

2. 子どものこころに寄り添うエクササイズ

では、こう対応したらどうでしょう。

「もう学校に行きたくない」

子どもが言ったとき、こう返してください。

「そう、学校に行きたくないのね」

まず同じ言葉を繰り返すのです。きっとどこかで聞いたことがあると思います。これは〝魔法の言葉〟と言われています。

「……うん」

これで自分の気持ちは受け入れられたと感じるのだそうです。

「どうして行きたくないと思ったのかな？」

このように一度受け入れて質問するのです。


「別に」

それでも子どもはこう返してくるかもしれません。

でもこの後が大事です。


「ああ、いまは話したくないのね」

この言葉いいですね。こころに寄り添っています。

「別にじゃないでしょ！」……これ最悪。


「……」

ここで子どもは同じように沈黙しますが、この沈黙は考えているときなのです。お母さんに相談しようかどうしようかを迷っています。


やがて重い扉を開けるように話します。

「居場所がないっちゃん、クラスに」

やっとこころを開いてくれました。でもここで「どこにない？　何でそう思うの？」とたたみかけてはいけません。

開きかけた扉がまたバタン！　と閉まってしまいます。聞きたい気持ちをぐっと我慢してこう続けてください。

「今度のクラスには居場所がないって、そう感じているんだね」

こうして、もう一度同じ言葉を繰り返すのです。

そうすれば子どもから話してくれます。

「そう。昼休みも一人やし、俺、友だちつくるの苦手やから」

ここで「そうそう、だいたいあなたは友だちつくるの下手やもんね。もう少し積極的にならないとね」などと親が評価しないことです。「じゃあ、こうしたら」というアドバイスもいりません。

そんな言葉より、ここでも「ああ友だちをつくるのが苦手だと思ってるんだ」と繰り返してください。

「あなたはそう思っているのね」と繰り返すだけでいいのです。

実際に力があるとかないとか、そんな評価は必要ないのです。子どもはそう思っているのですから、その気持ちをそのまま受け止めてあげて欲しいのです。

一度受け入れてもらえたと感じた子どもは、どんどん話し始めます。

「気の合う人がおらんし、つまらないんだよね」

「気が合う人がいないんだ。それはつまらないよね。だから学校に行きたくないって、そう思ったんだ」

だんだん核心に近づいていきます。

「それで学校に行きたくないって思ったのとは、ちょっと違うんだけどね……。でも、みんなと話も合わないしね」

「そうか……。確かあなたが好きなのは」

「音楽！　アニメソング」

「そうだよね。でも母さん、きっとクラスにもアニメソング好きな子いると思うよ」

「そうなんだよね。アニメソングが好きな子って、なかなか自分からは言わないもんね」

「きっとあなたと同じように思っている人がいるよ」

「そうか……、いるよね」

これでおしまい。

気づきましたか?

会話の展開における主導権は子どもが握っています。自ら気づくように促しながら会話を深めていくのです。

母親は子どものことを評価することなく、寄り添っています。

そして、ここでのポイントは「学校に行きたくない」という問題に対する結論は出していないということです。

それでも、少なくとも子どもが抱えている問題が明確になり、子どもへの理解が深まっています。

何より子どもは、お母さんが自分のことをわかってくれた、もしくは一緒に悩もうとしてくれたという印象を持つことができたのではないでしょうか。

答えはこれから一緒に見つけていけばいいのです。そのプロセスを共有するという関係性をつくることができた。これが一番大切な〝結果〟なのです。

子どもが、これから先、長い人生のなかでさまざまな困難に直面したとき、いつもそばにいて寄り添いながら一緒に悩み、乗り越えて行こうとする関係であり続けること。それこそが親としての一番の幸せなのではないでしょうか。

子どもが悩みを抱えたときこそ、その関係性をつくる良い機会だと捉えるのです。

「そんなに上手くはいかないでしょう」とまだ半信半疑の方がおられます。

でもしっかり実践できれば必ず上手くいくのです。上手くいかないのは、対応を変えることが難しいからなのです。

「頭ではわかっているつもりなんですけど、ついこれまでの習慣や感情が出てしまうんです」

多くの方がそう言われます。

そこで、頭ではなくこころで実感するために、次の項を読んでいただいた後に、もう一度先ほどのエクササイズを読み返してみていただくことをお勧めします。

3．「ただわかって欲しい」子どもの気持ちは〝あなた〟の気持ち

子どもの気持ちがわかるようになるために、まず自分とご主人との会話を思い出してみてください。

仕事から帰ってきたご主人に、あなたは機関銃のように今日起こった出来事を話し

始めます。

子どもが帰って来るなりこう言ったとか、ご近所のおばさんのこととか、隣の猫が子どもを産んだとか……etc.etc.

するとご主人は「だったら、こうしたらどう？」とか「じゃあ俺がそう言ってやるよ」と解決策を教えてくれます。

なぜなら、男性は会社で問題を解決することでお給料をもらっていますから、良かれと思ってあなたの言葉を遮《さえぎ》るようにさまざまな提案をしてくれるのです。

でも、そのときのあなたの気持ちを思い出してみてください。


「別にあなたの意見が聞きたいわけじゃない。ただわかって欲しいだけ」

「『おまえも大変だな』って一言が、どうして出ないの。それだけでスッキリできるのに。ちっとも私の気持ちをわかってくれない」


どうでしょうか……。あなたのお子さんが相談してきたとき、あなたはお子さんを、このときのあなたと同じ気持ちにさせてはいないでしょうか。

子どもは大好きなお母さんに、〝ただわかって欲しいだけ〟なのです。

それなのに、問い詰められたり、評価されたり、指示されてしまえば、「もう絶対に相談なんかしない！」とこころに誓うのではないでしょうか。

また、ご主人からすれば、まさか奥さんがそんな気持ちでいるとは全然気づいていませんから、「こっちは疲れているのに話を聞かされて、そのうえアドバイスまでしてやったのに、どうしてそう不機嫌な顔をされなきゃいけないんだ」と喧嘩に発展することだってありますよね。

このときのご主人の気持ちが、子どもに対して感じていたあなたの気持ちと同じではないですか？

「こんなに心配してあげているのに」と。

恩着せがましいその態度に、子どもは反応しているのです。

こうして立場を変えて考えてみると、子どもの気持ちやご主人の気持ちが鏡を見るようによくわかりますよね。

では相手の気持ちになって、もう一度エクササイズを読み直してみてください。先に進まずに、ここでしばらく待っています。

どうでしたか？

これまで「子どもが何を考えているのか全然わからない」と悩まれていたことも、

少し解決の糸口が見えてきたのではないでしょうか。あわせて今日までご主人が同じ思いをしていたということも。

実は、このエクササイズはより良い夫婦関係をつくることにも役立ちます。ご主人にも協力していただいて、どうぞ一緒にやってみてください。

「もう子育てに疲れちゃった……」

もしあなたがそう言ったとき、ご主人がこう返してくれたらどうでしょう？

「そうか、そんなに疲れてしまっているんだ」

普段なら「俺だって仕事で疲れているのに、また何かあったのか？」などと煩《わずら》わしそうな顔で聞かれて、つい反発してしまっていたあなたも、これなら素直にならざるを得ませんよね。

「……うん」

「何かあったのかな？」

いったん受け止めてから質問しています。

「ごめん、説明するのも煩わしいくらいなの」

「ああ、いまは話したくないんだね。そんなに疲れちゃったんだ」

……優しいなあ。こころに染みますね。

こういうふうに受け止めてもらえれば、話したくもなりますよね。

「話したくないわけじゃないけど……。実はね、帰って来るなり、『食欲がない』って言って部屋にこもったままなの。『学校で何かあったの?』っていくら聞いても布団をかぶったまま答えようとしないのよ。話してくれなきゃこっちだってわからないじゃない。こんなに心配しているのに」

「そうか、食事もしないで部屋にこもっているのか。それは心配するよね」

「そう。もうあの子が何を考えているかわからないの。理由を聞こうと無理やり布団を剥《は》いだとき、ぞっとするような怖い目で私を見たの」

「そうか。あいつのことがわからなくなったと感じたんだ。だから子育てに疲れたと言ったんだね」

核心に近づいていきます。

「それもあるかもしれない。でも疲れたと言うより、子育てに自信がなくなっちゃったんだ……」

こうしてこころの本音にたどり着きました。

つまり問題を抱えていたのは子どもではなく、母親だったのですね。

「自信をなくしてしまったんだね。あの子はこれまでいつもお母さん、お母さんって、甘えて何でもお母さんには話してくれていたからね」

「そうなのよ。あんなに素直で可愛かったあの子から、まさかあんな目で見られるなんてショックだった……」

「そうか、それはショックだよね」

「思春期に入って、こうして母親から離れていくのかな」

「寂しいよね。でもそれも成長なんだろうし、話せるときがきたら、いつか自分から話してくるんじゃないかな」

「そうよね。いつまでもお母さん、お母さんじゃおかしいものね。そっと見守っていれば、いつかあの子から話してくれるよね?」

「無理に聞こうとするより、自然にそうしたくなるような関係をつくっていくほうがいいかもね」

「そうよね」

……こんなことを書いているからといって、私がエクササイズ通りに振舞えている立派な父親、夫なのかと言えば、決してそんなことはありません。

特に妻に対しては、頭では「いかん！」とわかっていても、つい感情が先に出てしまい、喧嘩ごしになって失敗しています。

きっとこころのどこかで「息子は私を選んで生まれてきたわけじゃないけど、妻はこんな私と知ったうえで、自分の意思で選んだのだろう」といった甘えが、私のなかにあるからでしょう。

もう若いころのように頻繁に喧嘩をすることはなくなりましたが、自分を変えることは、かように難しいものかと反省しきりなのです。

しかし、そうも言っておられません。

「夫婦仲が良い」ということは、子育てにおける最も大切な教育環境なのです。

もちろん離婚が悪いなどと言っているのではありません。子どもを守るために、やむなくそうした選択をすることだってあるでしょう。

しかし、子どもはよって立つ足場を失うくらいのダメージを、両親の離婚によって受けるのです。そして、親はその責任から生涯逃れることはできません。離婚には、そうした覚悟も必要だろうと思います。

4. 子どもは親の〝権力〟による支配に反逆する

「母性」が愛情で子どもを包み込む働きであるのに対し、「父性」は自立を促し、進むべき正常な道を指し示す働きと言われています。

つまり「父性」によって社会性を身に付け、自立し、調和の取れた一人の社会人へと育つことができるのでしょう。

この「母性」と「父性」がバランス良く子どもにそそがれなければなりません。

しかし、これは両親が二人そろっていなければならないというわけでもありません。母子家庭であっても、お母さんが父親の役割まで果たすことは可能です。そうしてお母さんが頑張っているところの子どもは大丈夫です。

逆にご両親がそろっているのに「父親」の存在が感じられない子がいます。仕事などを理由に父親が子どもとの関わりをほとんど取れていないのかもしれません。そうした子には、やはりどこか不安定なところがあります。

小さいころから「親にこころから愛されている」と実感を持って育った子どもは、

困難に出会ったときでもしっかり足を踏ん張れるこころの大地ができています。

だから母親の愛情こそが何よりも大事だと思います。

ただどうでしょう。現代社会において「父性の力」が少し弱くなってきていると危惧しているのは私だけでしょうか。あまりに「母性」に偏りすぎた、盲目的な愛情が子どもにそそがれているケースを多く見かけるようになりました。

甘いものが好きな我が子の喜ぶ顔が見たいからと、飴やチョコレートを与え続け、子どもが虫歯になったら今度はお菓子会社を訴える。笑い話ではなく、そんな事例は身近にいくつも起こっています。

「父性」の復権こそ、いま社会に求められている大きなテーマだと私は思うのです。そして、その父親の力を生かすも殺すも、その鍵は母親の手に握られているのです。

子どもの前で、よく父親を軽んじて振舞うご婦人がいますが、それでは後々子どもが成長し、父親の力がどうしても必要になったときに、母親自身が望むようには父親の力は発揮できません。

そして一番の犠牲者は子どもになるのです。

社会性に乏しく、依存心の強いわがままな子どもを受け入れてくれる社会はそうありません。いつか嘲笑とともに子どもは自分の本当の力を思い知ることになり、そして、必要以上に落ち込むことになるのです。

お母さんには、子どもの成長に添って必要なタイミングで、父親や学校の先生などの周りの力を活かしていく、賢明なコーディネーターになって欲しいと思うのです。

では、ここで少し「父親」の関わり方について考えてみたいと思います。

小学生までの子どもは親の言うことを聞きます。叱っておけば、しぶしぶでもそうします。

だからといって、その後もずっと従順に思い通りになるかと思っていたらそんなことはありません。むしろ、いつまでもそうだったら、別の心配をしたほうがいいかもしれません。

子どもが親の思い通りになる時期は瞬《またた》く間に通り過ぎていきます。やがて思春期を迎えれば自我が芽生え、自己主張を始めます。そうなると当然のように、家庭内において欲求の対立が生まれてくるのです。母親に対してもぞんざいな口のきき方をするようになり、反抗的な態度を取るようになる子もいます。

「もう私の言うことなんか馬鹿にして聞こうとしないの。お父さんからなんとか言い聞かせてよ」

そう母親に促されて、父親はいよいよ「出番！」とばかりに気合いを入れようとしますが、力が入りすぎて失敗することがあります。

まず、ほとんどの父親は〝権力〟を使って子どもに命令し、従うことを強要します。「言うことを聞かないと罰を与えるぞ」と親の考えを押し付けるのです。

言う通りにすればご褒美を与え、言うことを聞かなければ罰を与えるといった、〝権力〟を使ったやり方が通用するのは、子どもがまだ親に対して依存している間だけです。子どもの成長の度合いによって、親に対する依存度は低くなり、それにしたがい親は〝権力〟を失っていきます。

そのことに気づかずに子どもを強引にねじ伏せようとすれば、「親の力」による抑圧を、子どもが「自らの力」で止めようとします。男の子の場合、その瞬間は「父親」対「子ども」ではなく、「男」と「男」の対立に変わります。

父親は「親が一番正しい。だから子どもは親に従わなければならないんだ」そう自分に言い聞かせながら、親側の勝利でこの対立を終わらせなければならないと思います。時には感情にまかせて、手が出ることもあります。

体力的に父親のほうが勝っている間は、それでもまだ子どもを従わせることができるでしょう。しかし父親の力は年齢とともに衰えていき、子どもの力は逆にどんどん増していくのです。いつか振り下ろされた父親の手を、子どもが払いのけるときが来たら、その日から家庭は修羅場と化すのです。

父親と子どもがいがみ合い、殴り合いにまでエスカレートしていくケースがあります。この世のなかで最も愛おしく、最も大切な存在であるはずの子どもから、〝敵〟とみなされるのです。親としてこれ以上の悲しみがあるでしょうか。

「あんなに素直で可愛かったあの子が、いったいどうしてしまったんだ。まるで悪魔か何かに取り憑《つ》かれてしまったようだ」

父親は途方に暮れ、なすすべもなく立ちすくみます。

しかし、それは突然訪れた悲劇ではなく、〝権力〟によって子どもをコントロールしてきた家庭に訪れる避けられない結果なのです。

もし、そうした渦中にある親子がおられましたら、いまからでも決して遅くはないので、気づいてください。

《このとき子どもが反逆しているのは、父親ではなく、父親が使う〝権力〟に対してなのです》

つまり、もし親が〝権力〟による支配をやめれば、子どもは反逆する対象を失うのです。

5．対立しない親子関係は、それぞれの欲求に共感を示すこと

家庭には日常的にたくさんの欲求の対立があります。

夕食後、台所で食器を洗っている母親と、リビングでテレビを観ている子どもと、晩酌をしている父親がいるとします。

母親は「早くお風呂に入りなさい」と子どもに声をかけます。炊事が終わり、子どもが風呂から上がった後に、自分がお風呂に入り、やっと母親は自分の時間をつくることができるのです。慌ただしい一日の終わり。ほっとできる自分の時間を早く持ちたいと思い、言うことを聞かない子どもに、ついイライラしてしまいます。

子どもは、自分の大好きなテレビ番組が今夜は2時間スペシャルになっているので、「観終わってからお風呂に入ればいい」と思っています。そのため生返事ばかりして、実は立ち上がるつもりはありません。

父親は他局でやっているニュース番組を観たいと秘かに思いながら、チャンネルを変える機会を待って、ちびちびお酒を飲んでいます。

こうしてリビングで、それぞれの欲求が対立します。

ここで母親が「明日、部活の朝練で早く起きなきゃいけないのでしょう。何度言えばいいの！　いいかげんにお風呂に入りなさい！」と声を荒げ、力で自分の意思を通

そうとします。すると、それが口火となって、それぞれの不満がぶつかり合います。最近、母親に対して乱暴な口のきき方を覚えた思春期真っ只中の息子は、そうした言葉を感情のまま母親に返します。

それを聞いた父親は、「俺だって観たいニュースを我慢していたんだ」という思いも重なって、「母さんに向かって、その態度はなんだ！」と声を荒げ、手元にあったリモコンでテレビの電源を切ってしまいます。

子どもは父親に気づかれないように舌打ちをして、「わかったよ！」と立ち上がるのです。

こうしてそれぞれの欲求のぶつかり合いを、親が力で制してしまえば、子どものこころには敗北感が残ります。

いつか限界が来るまでは、子どもは親の言うことを聞くでしょう。子どもが親の手を払いのけるそのときを迎えるまでは。

逆に対立を嫌い、子どもの望む通りにさせてしまうご家庭があります。

一見、対立がないようにも思えますが、実は「勝者は常に子ども」という力の構造は厳然と存在しているのです。

そして、そんなふうに何でも思い通りになる環境で過ごした子どもは身勝手でわがままに育ちます。

しかし、そんな子どもを受け入れてくれる環境なんてどこにもないことから、唯一自分のわがままを聞いてくれる親に、やがて自分の不満のすべてをぶつけるようになるのです。

ではどうすればいいのでしょう？

それは対話による相互理解によって解決することができます。

まず、最初にしなければならないことがあります。

それは「親といえども一人の人間として自分の人生を楽しみ、家庭のなかにおいても個人の欲求を満たしていく権利がある」ということを、子どもに伝えることです。「親だから」と言って子どもの犠牲になり、何でも譲って我慢する必要はないのです。

こう書いてしまうと、いきなり親子が対立してしまうようですが、そうではありません。母親も父親も、それぞれ個人としての満足を家庭のなかに求める権利を有した一人であることを、子どもに認識してもらうのです。

それが理解できた子どもは、家のなかでは「家族の数だけ対立する欲求が存在する」ということを知ります。

この認識こそが対立しない親子関係をつくるうえでのベースになります。

先ほどの例ですと、母親は子どもが早朝練習に遅れることをそれほど心配しているわけではありません。自分の欲求を早く満たしたいのですよね。

だから、さも子どものことを思って言っているように装うのではなく、「母さんも今日は疲れたから早くゆっくりしたいの。あなたがお風呂から上がるまではゆっくりできないのよ」と、自分の欲求を感情的にならずに正直に伝えればいいのです。

早朝練習なんか持ち出すから、「それなら睡眠時間が1時間ばかり削られたって自分はどうってことない」と、子どもは判断してしまうのです。

「俺はニュースが観たい」もちろん父親はそう主張していいのです。

こうして家族分の欲求をそれぞれがテーブルに乗せて、みんなが満足する方法を話し合うことです。

子どもからすると、父親に観たい番組があることすら気づかなかったでしょうし、まして母親がなぜそこまでイライラしているのか、その理由もわからなかったでしょう。すると子どもも「なんだ、それならそう言ってくれれば」と理解することだってあるのです。

話し合った(と言うより、それぞれの気持ちがわかった)結果、子どもは好きな番組はいつもの時間まで観て、特番で延びた部分は録画して、明日学校から帰ってきてから観ることにする。父親は子どもがテレビの前を離れ、母親がお風呂から上がってくるまで、楽しみにしていたニュースをゆっくり観る。母親がお風呂から上がった後は、テレビのチャンネル権は母親に渡して、父親は眠くなるまで本でも読みながら過ごす。耳を澄ませば、いつしか子ども部屋から寝息が聞こえてくる……。穏やかな一日の終わり。

いかがでしょう？

ここで親として気をつけなければいけないことがあります。

例えば「あなたは好きな番組をもう1時間も観ているのだから、ここはあなたが譲るべきでしょう」などと子どもに公平さを諭してはいけません。「あなたも大好きな番組の特番だから観たいよね」と子どもの欲求に共感を示すことです。

「でもお母さんの気持ちもわかるでしょう。実はお父さんだってできるなら観たい番組があるのよ。みんなが満足する案はないかな。どうしたらいいと思う？」

こう相談されると、人は強要されたことよりも、決定に参加できることのほうを実行する気持ちになるものです。

親になったからといって、急に立派な人間になろうとする必要はありませんし、完璧さを装う必要もないのです。

わがままも言い、失敗もする一人の人間であり、それでも家族が抱えている問題から目をそらさず、明るく笑って前向きに乗り越えていこうとする姿を、そのまま見せてあげること。それが一番の教育だと私は思います。

そして子どもはきっと、そんなお母さんが大好きなのです。

大事なことは、子どもとともに、親も一人の人間として一緒に成長していこうとすることだと思います。

よく言われることですが、子どもは親の言った通りにはせずに、親のやった通りにするのです。

第４章　私が思う「教育の目的」

1. 子どもたちが幸せになる方法

この章では「教育の目的」について、私なりに整理してみたものを紹介しようと思います。

なぜなら、親と子ども、そして学校とが、それぞれ違った目的を持っていることが、今日の教育現場の混乱を招いているのではないかと思うからです。

また当然のことですが、目標が違えばみんなが満足するゴールにたどり着くことはできません。

ですから、ここから始めてみたいと思うのです。

では、お母さんにうかがいます。

《子どもに対してあなたは何を願っていますか？　どんな人生にして欲しいと望んでいますか？》

ここで本を置いて、少し考えてみてください。

健康であって欲しい。楽しく過ごして欲しい。ついでにちょっとは成績も上がって……。いろいろ浮かんできますね。

でも、そんなことも全部含めて、親の願いはきっと「幸せであって欲しい。これからいろんな大変なことも経験するだろうけど、社会のなかで自立して、自分の力で幸せな人生を歩んで欲しい」ということに尽きるのではないでしょうか。

では、そうした願いを叶えるにはどうすればいいのでしょう。

ここからが大切です。
また本を置いて考えてみてください。

あるお母さんは、優秀な大学を卒業して一流企業に就職することが幸せへの近道と考えます。
だから子どもの顔を見れば「勉強しなさい、勉強しなさい」。勉強した後も「勉強しなさい」と繰り返すのでしょう。
「あなたのためなんだから」と言いながら。
では、一流大学を卒業し一流企業に就職したところで、その子の幸せが約束されるのかと言えば決してそんなことはありません。

職場には人間関係をはじめとするありとあらゆる困難が待ち受けています。いまや4年制大学を卒業し就職した人の3分の1が、3年以内に離職する時代と言われています。一流企業に就職し、高収入を得られたとしても、生涯の幸せが約束されるものではないのです。

「働くのは大変だから、永久就職が一番！」と、女の子だったら専業主婦の座を望むかもしれません。

ところがいざ結婚してみると、舅や姑で悩み、やっと宝物のような子どもが産まれたと喜んだのも束の間、今度は子育てで悩まなければならなくなります。

「なら、とにかく健康でさえいてくれれば」と祈ったところで、この世に一度も病気にならない人なんていませんし、怪我だってします。

結局のところ、人生はありとあらゆる困難に満ちており、困難のない人生なんてどこにもないのです。「上手くいっている人生」とは困難のない人生ではなく、困難を乗り越えられている人生のことを指して言うのです。

であるなら、「困難に負けない力を養うこと」こそが、子どもが幸せになれる唯一の方法であり、それこそが教育の目的となるのではないでしょうか。

知識を与えることでも、社会的に通用する技術を身に付けさせるためでもなく、やがて出会うであろう困難に負けず、さらに、その困難の度合いが増せば増すほどしなやかに跳ね返していく「強靭《きょうじん》なこころのバネ」を鍛えていくことこそが、教育の目的だと私は思うのです。

2. 泳ぎを教えてもらえずに、プールに放り込まれる子どもたち

ところが、子どもが困難に出会ったとき、この困難を取り払うことが親の務めであり、優しさだと勘違いしている保護者を最近よく見かけるようになりました。

子ども同士の喧嘩に割って入り、学校でトラブルがあれば勢い込んで学校に乗り込んで行く。そして、子どもたちの問題を親の問題として取り上げて処理しようとするのです。

そのような育てられ方をした子どもは、いつまでたっても問題処理能力が育ちません。子どもは、嫌なことがあれば母親に言いつけておけば良くなるのです。

「今日、こんな嫌なことがあったよ」

「あいつ、ちょっと気に食わないいんだよね」

そう言っておけば、あとは全部親が処理してくれるのです。

こうして、子どもが問題を処理するために自分で努力をしたり、より良い人間関係を構築するためのコミュニケーション力を身に付けようとする機会を、親が取り上げてしまうのです。

そうしておきながら、やがて「もう20歳を過ぎたのだから」とか「社会人になったんだから、あとは自分でしっかりやりなさい」とか「いつまでもお母さんが付いているなんて思わないでよ」などと言って、いきなり子どもを放り出すのです。

これでは子どもはたまったものじゃありません。

「プールの水は冷たいから」と泳ぎを教えてもらえなかった子どもが、ある日突然「今日から自分で泳ぎなさい」と、プールの中央に放り込まれるようなものなのです。当然、溺れます。

この日本になんと溺れた子どもたちの多いことか。いまやニートは155万人とも言われています。しかも30代前半が多いのです。これは一度社会に出て挫折をし、再び立ち上がることができなかった人たちではないでしょうか。

一度も転んだことのない人、挫折を経験したことのない人ほどもろいと言われます。だから私たちはもっと子どもたちの「失敗」に寛容にならなければなりません。

小さいころから多くの失敗を重ね、何度も挑戦を重ねていける社会をつくってあげることです。その経験がないから、たった一度の失敗ですべてを投げ出してしまうのではないでしょうか。

もし、この世に「失敗」というものがあるとしたら、それは「挑戦をしなかった」ことであり、「再び立ち上がらなかったこと」だと思うのです。

3．子どもを自立へ向かわせる接し方

お子さんが大人になり、もし食べ物に困ってひもじい思いをしていたら、お母さんはこれまでのように「獲物（食べ物）を獲って与えてあげる」のではなく、そろそろ「狩りの仕方」を教えてあげなければなりません。

獲物を与えてもらい続けた子どもは、いつまでたっても自分で狩りができるようになりません。ずっと与えてくれる人を待つことになります。そして嵐や吹雪で狩りができない日が続いたりすれば、やがて食べ物を充分に与えてくれなかった人に文句を言い始めます。

つまり〝困難はいつも獲物を与える側が抱える〟ことになるのです。

老いていく母親の年金で暮らしていながら、「こんな男に育てやがって」とその母

親を殴り続けた50代男の悲しい事件がテレビニュースで報道されていました。

親は子育ての責任を一時的に誰かに押し付けることができたとしても、誤った子育てのツケは最終的には親にしか還ってこないのです。

ところが狩りの仕方を教えてもらった子はどうでしょう？

その子どもはきっと獲物を獲ることの難しさを体験します。そして目の前の困難に向き合い、工夫をしながら克服しようと挑みます。そうしないと生きていけないのですから。

そんな子が、たまに他人からおすそ分けをもらったりすれば、相手に感謝することを覚えるのではないでしょうか。

自分以外の誰かに感謝できる人は幸せです。

母親が子どもから問題を取り上げないことが大切だということはおわかりいただけたと思います。しかし、「放っておけば子どもは勝手に困難を乗り越えて成長していくのか」と言えばそんなこともありません。

困難に負けない力を〝訓練〟によって培い、困難を乗り越えていく知恵を〝教育〟によって与えていかなければなりません。

そのとき大切なのは、挑戦する困難の度合いを、その子にとってちょうどよい高さに設定してあげるということです。あまりにハードルが高すぎれば、挑戦する気持ちさえ折れてしまうことにもなりかねません。そうすれば失敗する前から、自分はダメな人間だと自己否定してしまうかもしれないのです。

つまり、長年の不登校生に、いきなり「明日から毎日欠かさず学校へ行こう」と言っても、それは無理かもしれません。そんなときは、学校へ行く・行かないは後回しにして、まずは「毎朝決まった時間に起きるようにしよう」と目の前のハードルを下げてあげることが大切です。風邪を引いているときに雨のなかを走れば肺炎を起こしてしまうようなものです。

そして、目覚まし1個で起きることができなかったからと、親が起こしてあげるのではなく、そんなときは目覚ましを2個にしてみようと提案する。それでも起きることができないときは目覚ましを3個に、もし3個も買えなかったら目覚ましの置き場所を変えてみようと提案する。

こうして、決してあきらめずに自分の力で困難を乗り越えていけるようにサポートしてあげることが大切です。

このハードルの高さを決めるのは、子どものことを一番わかっている母親の仕事かなと思います。

小さな成功体験はやがてその子に自信を与えてくれます。

4. 誰かの役に立ったという実感が自己肯定感を育てる

ここにショッキングなデータがあります。

日本青少年研究所が日米中韓の高校生計7200人を対象に「あなたは自分が存在する価値があると思いますか」という内容のアンケートを取りました。「私は価値のある人間だと思う」と答えた各国の結果は、アメリカ89・1％、中国87・7％、韓国75・1％でした。そんななか、日本はなんと36・0％だったのです。つまり日本の高校生の3分の2は、「自分は存在する価値がない人間だ」と思っているのです。

そんな子どもが果たして将来、積極的・意欲的に社会と関わっていこうとするでしょうか？　自らに誇りを持ち、社会的責任を果たしていこうとするでしょうか？

やはり私たちは子育てをどこかで間違ってしまったのかもしれません。

では、どうすればすべての子どもたちがこうした〝自己肯定感〟を持てるようになるのでしょう？

先ほどの例に戻って考えれば、自分で獲物を獲れるようになった子どもが、ある日、食べきれないほどの大きな獲物を獲得したとします。

そのときその子は、獲物を人に分けてあげることだってできるでしょう。

そのときの「人に喜んでもらった」「誰かの役に立った」という実感が〝自己肯定感〟へとつながっていくのです。

この険しい道のりの人生を生き抜いていくために、最も必要なものがこの〝自己肯定感――自分自身を信じる力〟だと私は思います。

それは自分の存在が、何らかのかたちで他者の役に立ったと感じたときにこそ得られるものです。

私たち大人だってそうではないでしょうか。

例えば、ある人が事業に成功し、一等地に２００坪の大きな家を建てましたから、２００坪の家を建てたとしましょう。でも、「あなたは２００坪の大きな家を建てましたから、この世に存在する価値があったのです」と果たしてなるのでしょうか？

どんな豪邸に住んでいても貯金を何億持っていたとしても、そのことが「だからあなたは存在する価値がある」とはならないのです。

そんなことより、「あなたに逢えたから、いまの私があります」「あなたのおかげでこんなに幸せになりました」そう言ってくれる人が、たった一人でもいたら、それこそが自分の存在を肯定してくれる唯一の証となるのです。

それでは、日常生活のうえで子どもの自己肯定感を育むには、どう接していけばいいのでしょう？

それは「自分の行為が自分以外の誰かの役に立った」という実感を積み重ねていってあげることが大切になります。そのためには、家庭のなかで親が「ありがとう、おかげで助かったわ」という感謝の気持ちを言葉にできる機会を意識的にたくさんつくっていくことです。

「あなたのためなんだから、自分の部屋くらいは自分で片付けなさい！」と命令して、子どもが言われた通りにした場合は、「よし、よくできました！」になります。

でも、「お母さんはとっても忙しくて、とてもあなたの部屋の片づけまで手が回らないの、手伝ってもらえるかな？」と言って、子どもが部屋を片付けた後は「ありがとう、うれしい」という言葉になります。

褒め方にしても「すごいね、足が速いね」と能力を褒めるより、「あなたの活躍は白組の勝利に貢献したと思うよ」などと、子どもの頑張りが他者の役に立ったと褒めてあげると良いそうです。

人が本当の意味で自分自身の存在を肯定できる瞬間とは、テストで１００点取ったときでも、いい会社に入れたときでも、高い給料を貰えたときでもないのです。

5. 音楽は〝小さな奇跡〟にあふれている

私が創設した「C＆S音楽学院」という音楽学校は、「どれだけプロミュージシャンをデビューさせられるか」ではなく、「音楽のトレーニングを通して困難に負けない力を養い、この現実社会のなかで幸せな人生を切り開いていける人を育てること」を目的としています。

長い人生、上手くいくこと、いかないことを数えれば、はるかに上手くいかないことのほうが多いと思います。でもそうした現実から目をそらさず、真正面から自らの課題に向き合い、腐ることなく、あきらめず、いま自分にできる努力を重ねながら、ひとつひとつの困難を跳ね返していく「しなやかで強靭《きょうじん》なこころのバネ」を鍛えていって欲しいと思っています。

よく言われるように、スポーツでも「こころのバネ」を鍛えることはできます。元オリンピック選手が「社会に出た後は大変でしたけど、あの苦しい練習のことを思えば、これくらいの困難はどうってことなかったですよ」とテレビのインタビューに答えているシーンをよく見かけます。

しかし、音楽でも困難に負けない力を養うことは可能なのです。

音楽のトレーニングは「できなかったことが、できるようになる」という小さな〝奇跡〟にあふれています。

努力をすれば、最初は弾けなかったフレーズが弾けるようになります。指が届かなかったギターのコードがスムーズに押さえられるようになり、声にならなかった音域で歌えるようになるのです。

そうしたトレーニングを通して「どんなに不可能と思えることも、あきらめずに努力を続けていれば必ずできるようになる。困難を乗り越えていく力は、すべて自分のなかにあるのだ」ということを体感して欲しいと思っています。

そして「ほら、君には、君にしかない魅力があるじゃないか」と、伝えてあげたいのです。

第5章　〝夢〟のちから

Coda

1. 自らを磨き高める積極的な動機

気に入らなければ自分で好きなように設定を変えられるゲームや、嫌になったら一方的に接続を絶つことができるインターネット。こちら側の思い通りになるバーチャルなコミュニケーションに慣れてしまった現代の子どもたちが、果たして社会人となったとき、決して自分の思い通りにはならない、この複雑な人間関係を乗り越えて仕事をしていけるでしょうか？

私は、人生の醍醐味《だいごみ》は、いろいろな意見を持つ多くの人たちのなかで、自らをコントロールしながら自分の意思を実現していくことだと思っています。

そのためには、感情をコントロールして他者とコミュニケートしていく力を養わなければなりません。自分の感情を一方的に押し付けて思いを叶えることは、一時的に許されたとしても長続きはしないのです。

では、その力をどうやって身に付けていけばいいのでしょうか？

それにはどうしても他者の存在が必要となります。

なぜなら、人は他者との距離を測りながら、自分の感情や欲求をコントロールしていく力を養っていくしかないからです。

「以前はここまで言って怒られたから、今回はこれ以上は黙っていよう」

「今日は機嫌が良さそうだから、思い切ってもう一度お願いしてみよう」

そうした具合に、過去の失敗によるダメージや、上手くいったときの喜びをこころに刻み込みながら学習していくのです。

ところが徹底した利己主義者には、この「他者」が存在しないと言われます。どこまで行っても「自分」のことばかりなのです。こうした人は思い通りにならない現実を受け止められず、内なる怒りを静める術を知らないまま成長していきます。

例えば、映画館で待ち合わせていた友だちから、約束の時間を過ぎて電話がかかってきたとします。

「悪い！　実はおふくろの具合が急に悪くなってさ、いま病院に連れて行っているところなんだ」

約束の時間を過ぎても現れない友だちをもしイライラしながら待っていたとしても「えっ！　おふくろさん大丈夫？」と心配になって、いつの間にか怒りは消えてしまいます。相手の事情が理解できたところで、「だったら、仕方ないよな。電話をすることさえ大変だったろう」と相手を思いやることができ、怒りは静まるのです。

ところが自分のなかに「他者」が存在しない人は「それはおまえの都合だろ！　今日のために時間を空けて、そのうえ待たされた俺の気持ちはどうなるんだよ」といつまでも怒りが収まらないのです。さらにその人は「誰も俺のことをわかってくれない」という怒りと悲しみのなかで暮らしていかなければならなくなります。「誰でもいいから殺したかった」というあまりに身勝手な通り魔殺人犯の弁には、こうした行き場をなくした怒りの末路を見る思いがします。

私は自らの欲求をコントロールしながら他者とコミュニケートしていく力を養う場として、学校は格好の環境であると思います。

信頼できる先生のもと、同年代の友だちと時に喧嘩したり、いたわり合ったりする経験をしていくなかで、そうした力は自ずと身についていくのです。

もちろん、完璧な親がいないように、完璧な先生だっていません。お互いの至らなさを責め合うのではなく、積極的に両者が情報交換を行い、タッグを組んで役割を分担していくことも大事でしょう。そうして、子どもたちが何度転んでも、真っすぐ立ち上がることのできる安全地帯を一緒につくっていかなければなりません。

学校で勉強する目的は、より条件の良い就職を勝ち取るためでは決してありません。

知識だけでなく、社会のなかで生きていく知恵と力を子どもたちに身に付けさせることです。

ただ、生徒の気持ちのなかに、他者との関係に進んで加わり、一員になっていこうとする意欲がない限り、その目的は達成されません。その力が、近年急速に子どもたちから奪われていっているように感じるのです。

そうした子どもたちには、否応《いやおう》なくゲーム機やパソコンの前を離れ、自らを磨き高めていかざるを得ない〝積極的な動機〟が必要となります。

私はそれを〝夢〟と呼びます。

2. それでも〝夢〟を語る人にだけ可能性は残る

ここでもう一度想像してみてください。

《もし、あなたのお子さんが「プロ野球選手になる」「Jリーガーになる」「歌手になる」と言ったら、どう答えますか？》

「なに馬鹿なことを言ってるの。ほんの一握りの人しかなれないのよ。無理に決まっているでしょう。そんなことを考える暇があったら勉強でもしなさい」

どうでしょう？　多くのお母さんたちがこう答えるのではないでしょうか。大人はすぐに「それで食べていけるのか、いけないのか」を考えます。

でも、こうして「あれも無理」、「これもあきらめなさい」と育てられた子どもが、やがて社会に出たとき、残った興味のないものから仕事を選ばなければならないとしたら、人生は本当につまらないと感じてしまうのではないでしょうか。

そもそも、あなたのお子さんがどうしてその「一握り」に絶対に入れないと言い切れるのでしょう。

実は、子どもが〝夢〟を語ったときが、親の願いを子どもに届ける絶好のチャンスなのです。

私の話で恐縮ですが、サッカーのクラブチームでプレーしていた私の息子も、中学2年のとき「Jリーガーになりたい」と言ってきました。

「おお、なれ！　お父さん本気で応援するぞ」

それがどんなに険しい道であるか、おおよそわかっていたと思います。プロサッカー選手の平均引退年齢が26歳と言われ、その後の再就職の難しさが問題になっていることも知っていました。ただ、私は間をおかずに賛成しました。

そしてこう続けたのです。

「でもな、いまみたいに練習から帰ってきたらテレビゲームばっかりして、練習のない日は、寝たいだけ寝て、起きたいときに起きて遊んどってもプロにはなれんやろう。お父さんも応援するけん、おまえもまず自分の生活を見直してみ」

そうなのです。早寝早起き、規則正しい生活、誰にも負けない努力、礼儀正しい態度など、ふつう親が子どもに望む願いは、どれも夢の成就のためには必要な要件となるのです。

つまり、それまでの親の「小言」は、夢実現のための貴重な「アドバイス」へと変わるのです。

やがて息子も中学３年生になると周りが受験モードに入ります。

少し心配になった息子は、私にこう言いました。

「お父さん、俺本当にサッカーのことだけ考えとっていいと？」

その質問に、ためらうことなく私は「いい」と答え、「そんなことを心配するより、これからお前が夢を叶えるために誰にも負けん努力を５年、10年と続けることができるか、それを心配しろ」と言いました。

夢は実現するための努力が伴ってこそ、はじめて夢と呼べるのです。だから、子どもが夢を口にすれば無条件に親が援助をする、というものであってはならないと思っています。言ってみれば本人の努力は親が援助するための交換条件のようなものではないかと思うのです。そうして親は、本人もまだ気づいていない力を、その内側から引き出していくのです。

こうして息子は福岡県内でも有名なサッカー強豪校に進学しました。入部すると、なんとサッカー部員が１４０人近くいたのです。……ご存知のようにサッカーは11人で行うスポーツです。

3か月ほど経ったところで息子が言いました。

「甘かったやね。俺はプロどころか、この学校でレギュラーにさえなれんかもしれん」

話を聞くと、同級生のなかに同じポジションの子が少なくとも5人いて、しかも、そのうちの3人は息子より体も技術もはるかに上回っているというのです。（さらに競争は同級生だけではありません。学校は中高一貫校で、一学年下の中等部チームは、この年、全国大会で準優勝するのです。やがてそんな新入部員が入ってきます）

「それが現実と夢との距離や。現実を知らんで夢を語るのは簡単やけど、現実を知って、それでも夢を語る人間にだけ可能性は残る。あきらめるも、頑張るも、それはおまえの自由や。自分で決めればいい」息子には、そう話しました。

幼いころからすべて満たされた生活をし、欲しいものは何でも簡単に手にしてきた世代の子どもたちは、少しでも上手くいかなければ、夢でさえ簡単にあきらめてしまいます。

そうなれば親は子どもを励ます言葉を失ってしまうのです。

もちろんこのとき私は、息子がサッカーを辞めることはないと信じており、再度、夢にかける気持ちを固めて欲しいと思ったのです。

通学に片道1時間ほどかかることもあり、息子は毎朝6時に家を出ます。帰りはいつも夜の10時でした。もちろん土日はすべて練習か試合です。毎週月曜日は練習が休みなのですが、ほとんどの選手が個人練習に励みます。夏休みどころかお盆休みもありません。お正月の元旦だけは休みらしいのですが、息子が1年生の正月には、先輩たちのチームが福岡県代表として「全国高校サッカー選手権大会」に出場していましたから、お正月も東京で走っていたそうです。

「よく頑張るな」と声をかけたら、「何を馬鹿なことを」とでも言いたそうな顔をして「あきらめたら終わりなんやろ」そう言って息子は頑張り続けました。

そう、私は「あきらめなければ、夢は必ず叶う」と息子に言い続けてきました。ですから「もし夢に届かなかったとき、何と声をかければいいのか」応援しながらもそれがいつもこころの隅にひっかかっていました。

そして息子はレギュラーには選ばれなかったのです。

でも、彼は決して腐ることなく最後まで頑張り抜きました。

インターハイは全国のベスト8まで進出しましたが、最後の大会となる冬の選手権では、福岡県大会の準決勝で破れました。

息子の高校サッカー生活の終わりを告げるホイッスルをスタンドで聞いたときも、私はまだかけてあげる言葉を見つけられていませんでした。

でもその心配は杞憂《きゆう》に終わりました。息子はその答えを自分で見つけていたのです。

大学に進学した彼は「もうサッカーは楽しんでやることにするけん、部活には入らんで愛好会でやる」と言いました。

「いいのか」と私が聞くと、彼は「すべてやりきったから」と晴れ晴れとした顔で答えたのです。

親馬鹿かもしれませんが、わずか18歳で「俺はやりきった」と言えるものが、すでにひとつあるなんてすごいことだと思いました。

これまでひと言も「辛い」とか「疲れた」などと弱音を吐いたことのない息子でし

た。どれだけの葛藤と悔しさのなかで頑張り続けてきたかと思うと、ずいぶん頼もしく見えたものです。

正直、親心としては「大学4年間サッカーをやり通せば、きっと就職に有利なんだがな。もったいないな」とも思いました。しかし、そのためにサッカーをやれと言うのは、これまでの彼の頑張りに対して失礼な気がして、息子の意思に任せたのです。

スポーツでも勉強でも何でもいい。高い目標を描き、上手くいかなくてもあきらめずに挑戦し続けるなかに、困難に負けない力は養われます。

夢に向かう日々のその努力の積み重ねが、やがて困難に出会ったとき、逃げずに立ち向かおうとする〝構え〟をつくっていくような気がするのです。

3. サラリーマンからミュージシャンへ

ここで私のことを書いてみようと思います。

これまで私は、一般的な世の価値観に抗《あらが》い、もがきながら生きてきたような気がします。それは、ずいぶん危うい生き方だったのかもしれません。

でも、そうした体験を経ていなければ、ここに書いてあることも、夢を抱いて本校の門をくぐって来た生徒たちへの言葉もただの空論となり、説得力を持ち得なかったと思うのです。

始まりは25歳のときでした。

福岡の大学を卒業した私は外資系の保険会社に入社しました。こう書くと、真面目な大学生が順当な就職を勝ち取ったみたいですが、そうではなく、大学時代は酒と麻雀に明け暮れ、出席日数、成績は最低ライン。5年かかって卒業の留年組でしたので、内勤のエリートとは別枠の代理店育成社員という営業職での採用でした。

しかし鼻っ柱の強かった私は、自分がどのくらい社会で通用するのか試してみたいと、このとき「営業成績で日本一になること」と「月の給料を100万円もらう」という2つの目標を立てました。

当時の営業職の給与体系は歩合給の比率が高く、営業成績が悪ければ10万円そこそこの固定給ですが、その目安を超えればあとは成績次第で天井知らずの歩合給でしたから、月に100万円稼ぐことも夢ではなかったのです。

そんな目標を立てたのも、きっと当時の私は「いい会社に入って高い給料をもらえば幸せになれる」という世間の一般的な価値観をどこかで鵜呑みにしていたからなのでしょう。

それからというもの、スナックの店主が保険に加入したいと言えば、閉店後の深夜2時にお店にうかがうこともありました。魚市場にお勤めのお客さんでしたら朝の4時でした。もちろん日曜日も祭日も、お客さんの都合に合わせて働きました。

そんな努力の甲斐があってか、入社から3年が過ぎたとき、たまたま大きな契約にも恵まれ、社内コンテストの一部門で日本一になることができたのです。

その月の給料は100万円を超えましたので、入社時の2つの目標を叶えることができました。

ところが、いつもと変わらない生活をして、1か月で100万円がなくなってしまったのです。

「おかしいな」とよく考えて見ますと、給料が10万円の月のときはお昼ご飯にラーメンを食べていたのですが、この月はステーキを食べていました。

また、普段なら焼き鳥屋で飲んで帰っていたところ、この月は中州という九州一の歓楽街のクラブなどに行き、ヘネシーかなんかをキープしたりしていたのです。

つまり、お昼ご飯を食べるという行為と、夜お酒を飲むという行為は同じなのに、100万円はきれいになくなってしまったのです。

私はお昼ご飯が食べられて、中州でなくても、ときどきお酒が飲めればそれで良かったので、「お金はそんなにたくさんいらないんじゃないかな」と、ぼんやり考えたのです。

コンテストの表彰式は外資系の会社らしく、シンガポールで行われるという華々しいものでした。

大変高級なホテルで表彰式は行われ、1週間の旅行が付いていました。

しかし、日本に帰って来れば、もう次のコンテストが始まっています。また誰かが日本一になるのです。

オフィスを歩いていたら、「ああ、毛利くん紹介しよう。この方が去年の日本一、あの向こうにおられるのが一昨年の総合日本一。それから……」と社内に日本一がたくさんいて、誇らしい気持ちもそんなに長続きはしませんでした。

こうして、入社するときに掲げた2つの目標を手にしたものの、2つともが私のころを満たしてはくれなかったのです。

高い収入も、安定した職業も、私にとっては「だから幸せになれる」というものではなかったのです。

〝じゃあどう生きていけばいい？〟

しかし、その答えが見つかりません。

翌月から会社に行かずに一日中部屋にこもって答えを探しました。

これから先、結婚し、子どもができ、子どもが大学まで行って家の一軒でも建てようものなら、私はきっと働き尽くめです。朝も夜もなく、日曜・祭日も省みずに働いて、やっと子どもが大学を卒業し、家のローンを払い終えるころには、私はおそらく65歳を超えているのです。25歳から65歳までの、言わば人生で一番元気のいい大切な40年間を、私は家を建てるためと、子どもを大学に進学させるために働き続けるのかと考えました。それなら家もいらないし、結婚もしなくていいと思ったのです。

せっかく生まれてきたのだから、自分らしく生きたい。悔いのない生き方をしてみたい……。しかし、そうは思っても何をやればいいのかわからないのです。

それから私は会社に行くこともせず、日がな一日アパートで悶々《もんもん》と過ごしました。

会社には「有給をあるだけ使って、それでも足りなければ解雇でかまいません。答えが見つかるまで休ませてください」とだけ伝えていました。

人は何のために働くのか、人生とは何かと、図書館からいろいろな本を借りてきて読むのですが、新しい目標を見つけることはできませんでした。

そんなとき、大学時代の友人から、「アメリカに行くけど、お前も一緒に来ないか」との電話があったのです。

渡りに船でした。

そうだ！　アメリカに行けば何か見つかるかもしれない。

二つ返事でＯＫし、２週間後にはロサンゼルス空港に降り立ったのです。

外から見た東洋の小島

当時流行していたアルバートハモンドのヒット曲のタイトル通り、カリフォルニアの紺碧《こんぺき》の空はどこまでも高く深くそこにありました。

まずはロスに住む一緒に行った友人のおばさんのお宅にお世話になったのですが、そこでいきなりあこがれのアメリカが「どうだ！」とばかりに迫ってきました。

なんと、おばさん宅の子ども部屋にはビリヤード台があったのです。これまで子ども部屋では「人生ゲーム」か「野球盤ゲーム」くらいしか見たことのなかった私たちを萎縮《いしゅく》させるには充分でした。

到着した日から私たちは、捲《まく》り上げたTシャツの袖に1ドル紙幣をはさみ、くわえタバコで「アメリカやなあ～」と映画『ハスラー』に出ていたポールニューマンを気取って、キュー・スティックを握っていました。朝のシャワーの後に二階のベランダでコロンを振ると、西海岸の乾いた風は、それを生き物のように変えて産毛の上を転がしていくのです。「なるほどシャワーコロンとはこのことを言うのか」と感心したものです。

極めつけは2日目の夜でした。夕食後におばさんが「近くに行きつけのバーがあるから、ちょっと飲みにいこうか」と軽く誘うので、私たちが玄関を出て歩き始めると、「車で行くよ」と笑い、そこからハイウェイに乗って50数キロを走ったのです。

おばさん行きつけの洋上レストランに着いたときには、「ここが近くかあ。アメリカやなあ～」と友人と顔を見合わせました。

『俺たちに明日はない』や『卒業』、『明日に向かって撃て！』など、アメリカン・ニューシネマと呼ばれた映画が大好きで、ウエストコースト・ミュージックに傾倒していた私は、常々アメリカに対するあこがれやコンプレックスのようなものを感じていました。

ところがアメリカに来てみると、逆に日本の良い部分を発見し、日本人の誇りのようなものを感じられる経験もすることができました。

ロサンゼルスのスーパーマーケット（さしずめイオングループのサティといったところでしょうか）に買い物に出かけたときのことです。

日用品や雑貨コーナーの奥に、拳銃やライフルが無造作に置かれているのです。日本で過ごしてきた私には、どう見てもおもちゃ売り場のモデルガンにしか見えなかったのですが、拳銃には鎖がついていて簡単には取り外せないようにしてあり、ショーケースには実弾が並んでいました。すべて本物なのです。どこにでもいる普通の主婦が、衣類を物色したその手で、同じようにして拳銃を買っていくのでしょうか。

また、売られている洋服といったら、縫い目が斜めに歪んだり、糸がほつれ出ていたりと、てんでいい加減な縫製《ほうせい》で、日本では商品として通用しないと思われるものが多く並べられていました。

アメリカに行けば何か見つかると思っていましたが、そこで見たものはアメリカではなく、遠く東洋の東の端にある小さな国でした。そのとき、外から見た日本と、実際に日本に住む自分を客観的に見ることができたのが、この旅で得た最も貴重な経験だったと思います。

学生のころ、ある企業の社長から、「若いうちに借金してでも海外旅行しておけ」と言われていた、その言葉の意味がわかった気がしました。

数日、おばさんのお宅で過ごした後、私たちはレンタカーを借りてサンディエゴからメキシコ、サンフランシスコからグランドキャニオン、ラスベガスと旅をしました。あれほど真っすぐな道路も初めて見ました。ずっと真っすぐ伸びて行き、地平線あたりで「くっ」と空に突き刺さるようにして消えているのです。ピクリともハンドルを動かすことのない退屈な運転を、居眠りをせずに続けることが苦痛だったほどです。

夜の砂漠を走り続けていると、やがて前方の山の端がぼんやりと明るくなっています。まるで山火事か何かのように。何の明かりだろうと車を走らせ、丘を登りきったとき、ラスベガスの光の海が眼下に広がったのです。まさに息を呑《の》むとはこういうときに使う言葉だろうと思いました。

二度とこんな国相手に戦争などすべきではない。……こころからそう思いました。

夢のような2週間が過ぎ、友人はそのままロサンゼルスで仕事を決め、残ることになりました。

「それもいいな……」

まだ会社に席のあった私は、「なら、いったん日本に帰って、とりあえず会社を辞めて来るけん」と告げ、ロサンゼルス空港で友人とおばさんに「いってらっしゃい」と見送られたのです。

そして、日本に向かう機内で考えました。

アジアの東の小さな国の、西南部に位置する九州というさらに小さな島。その北部にある福岡という街の、細く2つの川に挟まれた中洲と呼ばれるエリアに建つタイル貼りの小さなビル。その7階のフロアで、その仕事が向いているだのいないだの、ごちゃごちゃ悩んでいるだけの自分。

誰に強制された仕事じゃない。自分で選んだ仕事なのです。

嫌なら辞めればいい。誰が止めているわけでもないのです。

何よりも大切なのは、自分がどうしたいのかということ。

それなら、お前はこれまで本当に自分のやりたいことを一度でも挑戦をしたのか？

環境や人のせいにせず、やりたいことをやって、それでダメなら東京でもいい、ロスでもいいから行けばいいじゃないか。

しかし、〝いったい何がやりたいんだ？〟

……それが見つからなかったのです。

そこで、前の座席の背からテーブルを倒して、ノートにやりたいことを全部書き出していきました。

イラストレーター、漫画家、ミュージシャンに居酒屋の店長etc.etc.

なれる、なれないではなく、なりたいものを挙げていったら20くらい並びました。

そしていくら眺めていても、そのなかで一番なりたいものを選ぶことができなかったので、トーナメント戦を行うことにしました。

まずは、イラストレーター対漫画家です。そしてミュージシャン対居酒屋……。こうしていけばどちらかを選ぶことは、そんなに難しくはありませんでした。

そして次は勝ち上がったイラストレーター対ミュージシャンというように比較を進

めていき、最後の最後にミュージシャンが勝ち残ったのです。

「よし、俺はミュージシャンになる。日本に着いたらそうしよう!」と決めました。

少しほっとして機内の手元灯を消し、座席に深く持たれながら小さな窓から外を見ました。雲の上を滑っていく翼の先に、神々しいほどに冴えた月が、行く手を照らすかのように光っていました。

4. 挑戦と挫折

福岡に戻ると早速、会社は代理店に独立という形をとって辞め、歌い始めることにしました。

当然収入はなくなりますが、生活費はそれまでの3年間に獲得した契約から毎月コミッションが振り込まれますので、2年くらいは働かなくても食べていけそうでした。

また歌については、私は1955年(昭和30年)の生まれですので、高校時代にフォークブームに出くわしています。ほとんどの同級生の家にフォークギターが当たり前のようにあり、吉田拓郎や井上陽水、かぐや姫の曲をギターを弾きながらみんなで歌う、そんな世代でした。

私も見よう見まねでギターをかき鳴らし、鼻歌でメロディを口ずさみ、オリジナルの詩を乗せて歌ったりもしていました。ですからいまの自分とかけ離れたことをしでかすとは感じていなかったように思います。

さて、25歳からの新たな挑戦です。

ギター一本抱えて、福岡市内のライヴハウスを訪ねました。このライヴハウスは井上陽水、甲斐バンド、チューリップ、海援隊、長渕剛を輩出したことで全国に名前を知られた有名店でした。

「あの〜、今日からミュージシャンになることになりました毛利と申します。ここで歌わせてください」とオーディションを受けました。

店のマネージャーからは「ここで25歳まで歌ってサラリーマンになっていった人はたくさんいるけど、25歳からサラリーマンを辞めて歌い始める人は君が初めてだ」と言われました。

確かに25歳でプロを目指すのは無謀な挑戦だったのでしょう。親・兄弟はもちろん、友人までが反対をしました。

それから私はライヴやコンサートを重ね、福岡で5年間アマチュア生活を送り、ご縁があって30歳のときに東京の事務所が決まって上京。プロとしての生活が始まりました。ただ、私の作品が認められてレコードデビューできたのではなく、職業歌手として給料を貰いながら、事務所が契約してきたライヴハウスやホテルのパーティで歌う仕事でした。

夢だけを頼りに不安定で不確実な東京での生活が始まったのです。

やがて、その生活もあっと言う間に5年が過ぎ、気がつくと、私は35歳になっていたのです。

すでに結婚もしていました。このまま歌い続けても芽が出る気配がないし、妻には3年やって結果がでなければ、あきらめて帰ると言って、福岡から連れて来ていましたから、すでに約束を2年もオーバーしています。

「もはやこれまでか――」と、歌で生計を立てることを辞めて、福岡に帰る決心をしました。

このとき私は、生まれて始めての〝挫折〟を経験したのです。

私はそれまで挫折をしたことがない人間でした。なぜなら挑戦をしてこなかったからです。

何でもそつなくこなしてきましたが、一流になるには大きな壁を乗り越えなくてはなりません。その壁の手前で逃げるのです。しかし、そうしてほかのことに逃げればまた壁がやって来ました。するとまた逃げる、ということを繰り返してきました。

他人の目は誤魔化せても自分自身は誤魔化せません。常に言い訳を用意しながら物事に臨んでいる。そんなひ弱な自分が大嫌いでした。

だから25歳で音楽という目標を決めたとき、ここからだけは逃げないと決めました。自分に才能があろうがなかろうが、人に認められようが認められまいが、絶対に逃げないと。でもそれは音楽から逃げないのではなく、自分自身のなかにあるひ弱さから逃げないと決めたことだったように思います。

そして、25歳から35歳、男の人生の基盤をつくる大切な10年を賭けて夢に挑戦し、その挑戦に敗れたのです。

その代償は想像していたよりも大きかったように思います。福岡に戻って仕事を探すのですが、なかなか決まりません。

バブルはすでに弾けていました。

面接で「何か得意なことは?」と聞かれ、「歌えます」と答えたところで採用してくれるところなどありませんでした。

一日過ぎれば一日分、自分への自信を失っていくのがわかるのです。夜中の2時ごろになると決まって目が覚め、両手に汗をびっしょりかいている日が続きました。目に見えない大きな何者かに押し潰されるような不安感に襲われていたのです。

なんとか数か月後、やっと拾ってくれた小さな建設会社に身を寄せることになりました。

5．〝音楽〟はその人を映し出す鏡

福岡で音楽事務所やライヴハウス・出版社など手広く経営していた会社の社長から「事務所に所属する将来の歌手の卵たちに、歌を教えてもらえませんか」とのお話をいただいたのは私が43歳、東京から戻って8年が過ぎたころでした。

私は「週に2日ある休みのうち1日分を使ってでよければ、お手伝いさせていただきます」とお答えし、サラリーマンをする傍《かたわ》ら13歳から18歳くらいの若者に歌を教え始めたのです。

そこで私は若い彼らに持論を伝えていきました。

それは、私自身が音楽というフィールドで嫌というほど実感させられてきたことでした。

「音楽はどこまでいってもその人の自己表現の手段であり、人間性の発露なのだ。だから嫌でも自分自身の性格や考えていること、人格のレベルといったものがそのまま表れてしまう。

つまり、優しさを持ち合わせていない人にいくら優しい歌詞を渡して歌ってもらっても、その人は優しさを表現することはできない。おそらく、その人は歌詞に込められた意味さえ汲《く》み取れないだろう。

わがままな人間がバンドを組めば見事にわがままな演奏をする。

いじけて『どうせ俺なんか』とこころが縮こまっている人が奏でるフレーズが、多くの聴衆を包み込むような広がりを見せることはないのだ。

だから、君が本当に豊かな音楽を奏でたいと願うのであれば、その豊かさを自らのなかに養うしかない。

良い歌を歌いたいと願うのなら、自らを高めていく努力をするしかないのだ」

これが、私の思う正しい音楽との向き合い方でした。それができれば音楽は自らを磨き、高めていく大きな動機となるのです。

現代は「より良い人間に成長しなくてはいけない」と迫られる機会が非常に薄れた時代とは言えないでしょうか。

インターネットの登場は、人を自分の部屋で一人で生きていけることを可能にしました。さまざまに用意されたサイトは、何日も部屋から出ることなく飽きずに楽しく過ごさせてくれますし、世界中の情報だってリアルタイムで入手できます。買い物も、仕事さえも自分の部屋で完結できる時代になったのです。

外に出て、負荷の高い人間関係を乗り越えながら目的を遂げなければならないことが少なくなってきています。

架空の自分を創り上げてコミュニケーションを楽しみ、嫌になれば一方的に関係を終えることができる。人間関係のイニシアティブはいつも自分が握れる。そうしたコミュニケーションに慣れてしまった子どもたち。

「人は自らの人格を高めなくてはならない」「より良い人にならなくてはいけない」といった必要性を感じる機会は、ますます少なくなっているのではないでしょうか。

ところが〝音楽〟はそうはいきません。

美味しそうな林檎《りんご》をひとつ渡されたとしましょう。

ある人は「ラッキー、お腹が空いてたし～」とその場でかぶりつき、ある人は「どうしてこの人は自分に林檎をくれようとするんだろう」と疑うこころを抱き、またある人は「林檎が好きなおばあちゃんのために、持って帰ってあげよう」と、おばあちゃんの喜ぶ顔を思い浮かべ、さらに「今年は、台風が多かったから大変だったろうな」と、林檎農家の人のご苦労を思いやる人もいるかもしれない。

同じものを見て、同じ体験をしても、受け取る人によって感じ方は変わります。ですから、そこから生まれてくる〝音楽〟も変わります。

そうして音楽は、その人のありのままの姿を映し出していくのです。


「生活を改め、自分を磨き、高めていく努力をしなさい」

普通、40歳を過ぎた大人からそんなことを言われても、子どもたちはまともに話を聞いてくれないと思います。

ところが、「人を感動させられる歌手になりたい」「デビューしたい」という夢や目標を持った生徒たちは、私の話を真剣な表情で聞いてくれたのです。

ある日、レッスン後に、目にいっぱい涙を溜めた一人の女の子が私のところにやってきました。

「先生の言う通りだと思ったから、私は自分の嫌なところをなくそうと努力しました。でも変わらないんです。どうやったら自分を変えられるのか、方法があるなら教えてください」

そう言ってぽろぽろと涙をこぼしたのです。

その真剣な瞳と向き合ったとき、「ああ、こんな学校を創りたい」との衝動がここの底から突き上げてきました。

「人と人とが音楽を通して切磋琢磨しながら、人間性を磨き、互いに成長していける、そんな学校を創りたい……。いや創れるぞ」と。

音楽事務所の社長から「生徒も増えてきたので毛利さん、もう学校を創りませんか」というお話をいただいたのはちょうどそのころでした。

「ただプロになるための技術を教える、そんな音楽学校にはあまり興味はありません。しかし、実はこんな学校だったら創ってみたいのです」と、私の想いをお話ししました。すると「わかりました。毛利さんの理想の学校を創ってください。全面的に協力致します」と言ってくださり、「C&S音楽学院」が２００１年４月に開校することになるのです。

それは、音楽という目標を掲げたあの25歳の日から、ちょうど20年目のことでした。

〝夢〟のなかで

こうして振り返ってみても、やはりまだ信じられません。私が自分の思いのままの学校を創り、そこへ南は沖縄、北は北陸・東北からと、全国から音楽好きの生徒たちがやって来るなんて。

そして、素人の理想を集めて創った本校が、開校から10年経った２０１1年には福岡県教育委員会から正規の教育施設としての指定を受けることになるのです。「君のやってきたことは、ちゃんとした教育なんだよ」そう言っていただいた気がしてうれしく思いました。

振り返ってみれば、上手くいったことよりも、いかなかったことのほうがはるかに多く、挫折も経験しました。

でも私はいま、毎日音楽に包まれて生活しているのです。

朝、学校に行くと、授業が始まる前から生徒は練習を始めています。そして私が学校を出るまで、音楽が聞こえてこない日はありません。

25歳のときに掲げた〝音楽〟という目標。その的のど真んなかを射抜くことはできませんでした。真んなかは私がミュージシャンとして成功することだったと思います。願い叶わず、的の中心からはずいぶんとそれてしまいましたが、それでもまだ〝音楽〟という的のなかには入っているのです。

私は25歳のときに描いたあの〝夢〟のなかで暮らしているんだなと思うのです。

そして決して負け惜しみではなく、ここが私の場所だったんだと感じています。そして、いま一番自分らしく自己表現できている気がするのです。

ようやくたどり着いたのかな、と思っています。

いまここにいることができるのは、「あきらめなかった」「挫けなかった」ただそれだけなのです。

あんなにひ弱だった私が、少しは強くなれたのかな、とも思います。

6. 〝夢〟は人生の行く手を示す星

父親の一番の仕事が「子どもに生き方を示すこと」であるとするなら、私はいつもこころがけていることがあります。それは「社会で働くって、こんなに楽しいぞ」という喜びと充実感を常に伝えていくことです。

いま、大人になりたくない、働きたくないという子どもが増えていると聞きます。それは私たち大人が、子どもたちから楽しく過ごしているように見えていないからではないでしょうか。

これまで私は、「家族を養うために働いている」などとは一度も言ったことがありません。子どもには、「ちょっと難しい言葉かもしれんけど、お父さんは〝自己実現〟のために働きようとよ」と話しています。

ビルの２フロアのテナントからスタートしたＣ＆Ｓ音楽学院は、開校から７年目に自前の校舎を購入しました。

あるとき取材に来たテレビ局のディレクターが、４階建てのその校舎を見上げながら「毛利さんは成功者ですね」と言ったことがあります。

でも、私はその言葉に違和感を覚えました。

ビルは借金をして購入しており、ローンは20年払いです。

いまや日本経済も、ギリシャがくしゃみをしたら風邪をひいてしまうような危うさのなかにあり、これから先20年間、何事もなく順調にやっていけるかなんて誰にもわかりません。私がビルを購入したことがきっかけで家族を路頭に迷わせることになるかもしれないのです。

だから、このビルを買ったことで「成功者」だなんて、とても思えませんでした。

それなら、「成功者」って何だろう？　と考えてみました。

そのとき私が見つけた答えは、《成功者とは、若き日に立てた〝志し〟を、死の瞬間まで寸部も違えず貫き通した人のことを言う》ということでした。

貧乏でも無名でもかまわない。現実の壁を前に、決して怯《ひる》むことなく、自らの課題から目をそらさずに努力を重ね、最後の瞬間でさえ明日のための努力を怠らなかった。そんな生き方をした人のことを言うのだと思うのです。

きっと〝夢〟は、人生という長い航海のなかで、いまの自分の位置を確かめ、行く手を指し示してくれる星、北極星のような存在なのかもしれません。

「大丈夫。真っすぐなこころと快活さがあればきっと上手くいくから、思いっきりやってごらん」

そう言って、子どもたちの背中を押してあげたいのです。

第6章　〝音楽〟という名の学校〜教育から始めよう

1．自らに備わる才能の意味を知る

私は自分の理想を形にした学校を「C＆S音楽学院」と名付けました。Cは Create（創造する）、Sは Socialize（社会化する）の頭文字を取ったものです。音楽学校であれば「創造」が学校の名前になることには誰も疑問を持たないのでしょうが、そこになぜ「社会化」を加えたのか。

それは、「社会化」を意識することで初めて「創造すること」に意味付けがなされ、そのことが自らの「存在」をも肯定してくれると考えたからです。

私は「創造」という行為は、ある種エゴイスティックな側面を持つと思っています。芸術家は、内なるものを形にして表現することがすべてであり、その作品に対する社会的評価や影響については二次的なことで、あまり関心がないのです。

〝しかし〟と私は思うのです。

自分の作品が、自分以外の誰かに有益な影響を与える力を持つことに気づいたとき、人は初めて「なぜ自分にそうした才能が備わり、どんな役割を持って生まれてきたのか」を知るのではないでしょうか。そしてその才能を世の多くの人たちのために役立てたと感じたとき、自分の存在そのものを肯定されたような、これまでに経験したことのない喜びを得られるのだと思うのです。

きっと、芸術の価値を矮小化《わいしょうか》することにつながるかもしれないこうした私の考えは正しくないのだろうと思います。

しかし、私の学校運営の目的は「子どもたちの幸せ」のためにあるのです。

ですから、本校における音楽は、子どもたちが希望を取り戻し、生きる力を甦《よみがえ》らせ、目の前の困難を乗り越え、より良き人生を歩もうと挑戦する積極的、根本的な動機を与えるための〝手段〟なのです。

ただ、そうして培《つちか》われた真っすぐなこころから生み出される音楽は、現代の音楽産業のなかにあっても充分に支持を受けるだけの魅力と説得力を持つことだろうと信じています。

2. C&Sが考える〝いじめ〟

２０１２年に滋賀県大津市の中学校で当時中学2年生だった少年が、こころないいじめを苦に自殺してしまうという悲しい事件がありました。

当初、学校側や教育委員会の対応がマスコミを通じ厳しく批判されましたが、その後、加害者の氏名や顔写真がネットで流れるなど、被害者とその家族だけでなく、加害者の少年やその家族、学校関係者、教育関係者と関わったすべての人が苦しみのなかに突き落とされました。

世のお母さん方も「いつ我が子がいじめの対象になるのか」「もしかしたらいじめる側になるのかわからない」そうした不安を抱いたまま大切なお子さんを学校に送り出しているだろうと思います。「学校はいじめから我が子を守ってくれるのだろうか？」と心配されている保護者も多いと思います。

まず、いじめの問題を解決するためには「絶対にいじめのない社会をつくる」と大人が強く決めることからしか始まらないと思います。

「いじめは大人になってもあるのだし、なくならないと思うよ」との意見をお持ちの方が実は教育関係者のなかにも多くおられます。

でも、「なくなるのか、なくならないのか」を議論する必要などありません。あってはいけないことだから、「絶対に許さない！」と気迫を持って大人が声を上げ、子どもたちに接していかなければならないと思うのです。まずは、私たち大人一人ひとりにその強い意志があるかを問わなければなりません。

次に「いじめた方が絶対に悪い」というルールを共有しなければなりません。最近は、文部科学省の指導もあって「いじめられる子にも原因がある」という意見は少なくはなったようにも思います。しかし実際の教育現場では、まだまだその考え方が根強く残っています。

大津の事件では当初、学校側は「いじめではなく、けんかと判断していた」との答弁を繰り返しました。

２００６年に文科省が発表した新しい「いじめの定義」を見ますと、いじめとは、「当該児童生徒が、一定の人間関係のある者から、心理的、物理的な攻撃を受けたことにより、精神的な苦痛を感じているもの」としています。そして、注意書きとして「けんか等を除く」とあるのです。

では「けんか」と「いじめ」をどこで分ければいいのでしょう？　もしかしたら現場の先生は、「いじめ」の現場を目撃しても「けんか」だと無意識のうちに思い込みたくなったのかもしれません。

文部科学省の「いじめ」の定義が、現場で機能しなかった結果とは言えないでしょうか。

また「個々の行為が「いじめ」に当たるか否かの判断は、表面的・形式的に行うことなく、いじめられた児童生徒の立場に立って行うものとする」との一文もありますが、これはセクハラやパワハラなどの際に起こる問題と同じで、受けた本人による印象の違いから、客観性に乏しく、現場で双方が納得できる結論を見出すための基準とすることが難しいと思います。

本校、C&S音楽学院の「いじめの定義」は「一人の人を複数で攻撃する行為のこと」です。

例えいかなる理由があろうと、複数の人間が話し合って、一人の人を攻撃するという行為は絶対に許されないことなのです。

集団で誰か一人を攻撃する。その卑劣な行為こそが個人を絶望に追いやるのです。ですから、1対1であれば、それは「けんか」です。

確かに、圧倒的に力の強い一人が、ひ弱な一人に対して暴力的な行為を日常的に続けるというケースはあるでしょう。でも本校の場合、それは「いじめ」ではないのです。

では、「いじめ」でなく「けんか」だったら許されるのか？　もちろんそんなことはないですよね。それは別のルールでジャッジされるべきなのです。

本校「C&S音楽学院」には、たった3つしか校則はありません。

一、暴力は絶対に認めない
ここではいかなる理由があろうとも、暴力を問題解決の手段とすることは認めない。

一、いじめはいじめたほうが悪い
いじめられた側にどんな原因があったとしても、そのことと「集団で一人の人を攻撃する」という行為は別のものである。つまりどんな理由があろうと、集団で一人の人間を攻撃するという卑怯な行為は絶対に認めない。

一、マナーを守る
「先生だから偉い」とか「尊敬しろ」などと言うつもりはない。ただ、生徒同士の間にも人としてのマナーがあり、生徒と先生との間にも人としてのマナーがある。

以上、この3つでおしまい。
本当にこれだけのルールでやってこられたのですか？　と驚かれる方もおられます

が、開校から今日までこれで充分でした。ちなみに、「けんか」については暴力行為として処罰されます。

学校のルールとは「こんな学校にしたい」「どんな生徒であって欲しい」と願う私から生徒、保護者、そして先生方へのメッセージだと思っています。


そもそも、どうしていじめは起こるのでしょう。

インターネット上にアップされたいじめの動画がニュースで流れていました。あの集団のなかにいて、ああした行為をなぜ傍観できるのか、まったく理解できないという大人がほとんどだと思います。

しかし、忘れてはいけないのは、ぞっとするようなこの感受性を育てたのは私たちの世代であるということです。

欲望の充足こそが人生の目的であるかのように消費を競い、お金儲けできる人が勝ち組で、そうでない人は負け組とするような誤った価値観。その歪んでしまった大人社会の影響を、子どもたちが受けないはずがなかったのです。

むき出しになった欲望は、理性という衣服を脱ぎ捨てたケモノのようです。

日本人は古来、高い精神性を持ち、秩序と調和を重んじる民族でした。そうしたDNAはいまも私たちのなかで息づいています。2011年の東日本大震災のとき、暴動や略奪が起きることもなく、わずかなビスケットを分け合う温かい助け合いの姿に世界中から驚きと賞賛の声が寄せられたことは、その顕《あら》われではないでしょうか。

卑怯を嫌い、弱きものをいたわるという美徳を、いまこそ私たち大人が子どもたちに示さなければなりません。

３．〝ルール〟とは君の自由を奪うのではなく、守ってくれるもの

開校からこれまで、さまざまな問題を抱えた子どもたちと接してきました。その子たちの変化と成長を見てきました。

そして気づいたことがあります。

それは「安心して、ありのままに過ごせる環境を与え、信頼し見守ってさえいれば、子どもは自らより良い方向にしか伸びようとしない」ということでした。

子どもは本来そうした生き物として生まれてくるのではないでしょうか。それなのに大人の都合で子どもたちを枠にはめようとしたり、押さえつけようとすることで子どもたちはかえって反発し、歪《ゆが》んでいくのではないのでしょうか。

万物をつくる者の手をはなれるときすべてはよいものであるが、
人間の手にうつるとすべてが悪くなる——

いまから250年も前に書かれた教育書であるにもかかわらず、いまも輝きを失わないルソーの『エミール』はこの書き出しで始まります。

私は自分の学校に、どこの学校にでもあるような校則を作りませんでした。例えば髪の長さや色、化粧、ピアス、どれも自由です。それは少子化で生徒募集が苦しい時代、校則のハードルを下げて「自由な校風」を売りものにすることで、入学者を確保しようとしたからではありません。

私は「髪が耳にかかっている、かかっていない」と先生が生徒と言い争っている姿や、女子生徒のひざよりも下まで頭を下げてルーズソックスか否かを調べている男性教師の姿こそが、生徒たちに本当は伝えなければならない〝もっと大切なこと〟を失わせてしまっている気がしたのです。

一般的な学校では服装や髪型などのルールを細かく決めて、ルールを守れない生徒は力づくで従わせようとします。

「守れないのなら、親に連絡するぞ！」

でも親のことを怖がっていない生徒には、この指導は通用しません。

では、「内申書に影響するぞ、進学できなくなるぞ！」

この手の脅しもやはり、それ自体（内申書の評価）を失うことでダメージを受ける生徒でなければ通用しないのです。つまり生徒に進学という土俵を降りてしまわれるとコントロールが利かなくなるのです。

ルールを守らない生徒たちは「校則違反だから」という理由で校門の向こう側へ追いやられます

「真面目に勉強する生徒たちの学ぶ権利を守ってあげることが学校の第一の責任です」と学校関係者は言われます。

もちろんそれも大切であることはよくわかります。

しかし追いやられた子どもたちは社会に散らばり、いつか私たちにダメージを与えに戻ってくることになります。

問題は解決していないのです。現代の公教育の難しさを痛切に感じる瞬間でもあります。

また「最近の先生は生徒を殴れないから指導もやりづらいですよね」という声を大人の間で耳にすることがあります。

近年になってようやく体罰が問題化し、世間を騒がせるようになりましたが、体育系の部活の現場で、まるで治外法権かのように、これまで暴力による指導が容認されてきたことに、私はずっと違和感を感じていました。

「指導」なのか「体罰」なのか、線引きが難しいなどといった意見があります。しかし何のための行為であるかという本質を考えれば、容易に答えが出るのではないでしょうか。「試合に勝つため」「強くなるため」……。そんなもののためではなく、教育の「指導」は目の前にいる一人の生徒のために行われるべきなのです。

ましてや「暴力はいけない」と教える先生が、暴力による指導を正当化することは、教育の敗北と言わざるを得ないのではないかと思います。

そして、子どもたちはその純粋さから、この矛盾に敏感に反応するのです。

さて、私がどうしても彼らに伝えたかった〝もっと大切なこと〟とは何か、それは「世のなかのルールは君の自由を縛るものではなく、自由を守ってくれるためにある」ということです。

ルールがなければ歩行者は交差点をいつまでも渡れないし、力の弱い人はおちおち外を歩くことさえできません。いつ誰が襲ってきても文句は言えないのです。

集団を管理するには規律がなければいけません。だからと言って「規律を守る人をつくる」ことが学校なのだとしたら、それはどこまでいっても管理する側の論理でしかありません。

私は、学校のルールは、生徒たちのためにあるべきだと思っています。

結局、生徒たちは「ルールを強制されること」に対して反発しているのです。「なぜ、そうしたルールが必要なのか」という本質を理解する手前で、無意味な反発によってそれを学ぶところまで至っていない気がするのです。

本質さえ伝えられれば、生徒たちは積極的にルールを守る側に向かうと信じています。

４．〝発達障がい〟と呼ばれた才能

「娘は発達障がいなんです。音楽は好きだと言っていますが、ここでみんなと一緒にやっていけるかどうか、心配でなりません。大丈夫でしょうか？」

転校を希望して本校にやってきた菜穂美（仮称）の母親は、廊下で私を呼び止め、心細そうな表情でそう聞いてきました。

「私も専門家ではないので何とも言えませんが、本人がここで音楽を学ぶことを強く望んでいるのであれば、一緒に頑張っていきたいと思います」と答えました。

少し開いた教室のドアの向こうで、菜穂美は心細そうに椅子に座り、じっと机の一点を見つめていました。

自信があったわけではありません。そうした子どもへの対応など学んだこともなく、接したこともありませんでしたから。

発達障がいであれば、こころが折れて学校に行けなくなった子とは少し違います。また先天的なものなので、訓練し、強化していけるものとも限りません。しかし、弱いところをどうするかではなく、良いところをどう見つけてあげるかが大切だと聞きました。

であるなら、いつもやっている通り、音楽を使ったアプローチが非常に効果的だと思ったのです。

なぜなら音楽のレッスンはまさしく自分自身を見つめ、良いところを見つけて伸ばしていくという作業だからです。

自分の良いところ、悪いところがわかっていなければ、どんな歌を歌えばいいのか、演奏すればいいのかがわかりません。自分の声のどの音域に説得力があり、魅力があるのか。ロックなのかポップスなのか。フォークソング？ ジャズ？

実は、選曲とは自分自身を探しているときなのです。

また、発達障がいの子どもが芸術的な才能を持ち合わせているという話は、一般的にも知られるようになりました。最近では映画監督のスティーヴン・スピルバーグ氏が、「自分に学習障がいがあり、それが原因で子ども時代にはいじめられていた」と告白し、大きくニュースで取り上げられていました。

やがて菜穂美もその特異な能力を見せ始めたのです。
ピアノの弾き語りを学んでいた彼女は、ほかの子にはおよそ見られない集中力で、わずか16小節のフレーズを何度も繰り返し、長時間弾き続けるのです。
その集中力は、やがて彼女がステージの鍵盤の前に座っただけで、会場の空気を変えるまでになりました。彼女が作り出す不思議な魅力に観客が引き込まれていくようでした。

私に専門的なことはわかりませんが「発達障がい」と診断された〝それ〟は〝障がい〟というより〝才能〟と呼ぶほうが実態に近いのではないかと思うのです。しかし、そうした〝才能〟のほとんどが、小さな部屋に閉じ込められたまま世に出ることがありません。

それは、その特性ゆえに、他者からマイナス的評価を受け続け、子どもたちは「自信」と「活力」を失ってしまうからなのだと思います。そして、自分の感受性を否定し、その特性を責め「普通の子らしく振舞わなければいけないんだ」と必死に努めます。こころが悲鳴を挙げるまでに、そう時間はかかりません。
こうして「頑張ろう」とするこころの芯が折れ、多くの賞賛や励ましも届かなくなります。

これまで菜穂美は、みんなと同じようにできないことで責められてきました。ところが音楽という分野はオリジナリティが強く求められるものです。言ってしまえば、みんなと違うところが武器になるのです。（もちろんそれは内にあるもので、奇をてらったような表面的で薄っぺらいものを指しているのではありません）

きっと音楽には、世のなかの枠から外れてこぼれてしまいそうな子でも「君は君のままでいいんだよ。自分らしくありなさい」と受け止める懐の深さがあるのだと思います。

「ここでは先生たちが本気で褒めてくれるのがわかった。だから頑張れました」と菜穂美は言いました。

やはり彼女もみんなと同じように、自分のことを理解して欲しかったのです。彼女は「発達障がい」と診断されたことで自尊心を傷つけられ、心療内科に通うほどの苦しみを強いられてきたのです。

専門家によりますと、すべての人間は何らかの障がいを持っているそうです。少しずつその障がいの度合いが増していき、ある線を越えたところで「発達障がい」と診断されるのですが、「ここからこっちが健常者で向こうが障がい者」と言った明確な線はないのだそうです。

菜穂美は、さらに音楽の勉強がしたいと専門学校に進学していきました。

本校としては、在学中に彼女の障がいで悩まされることなど一切ありませんでした。

5. コンプレックスさえ自分らしさのひとつ

小学校のころからいじめに遭い、中学2年からまったく学校へ行けなくなったヴォーカル&声優クラスの文弥（仮称）は「そのころから人間に対しての興味がなくなったんです」と力なく笑いました。

好き・嫌い、善・悪などの感情を失ってしまったこころのなかに、自分の意思ではコントロールできない醜悪《しゅうあく》なものが潜んでいるのを感じ、その嫌悪感に苦しみ続けたと言います。

そんな深い闇のなかにたったひとつだけ残っていた光が音楽でした。

歌いたい――。

その強い思いだけで文弥は本校に入学してきました。そして、まさしく音楽は光となり、深い文弥の闇を照らし始めるのです。

「これまで自分のなかにある〝醜悪なもの〟を表現しようとしたら、友だちからキモイと言われたり、いじめられたりしたんです。だから〝それ〟は出してはいけないものだと思い、ずっと隠してきました。そして、いい子でいなきゃと思って生きてきたんです。

でもある日、C&Sでの授業中、ふいに〝それ〟が出ちゃったことがあるんですね。『いけないいっ』って思ったんですけど、そのとき先生から褒められたんですよ。『あれっ?』って思って周りを見たら、なんかみんながそうした個性みたいなものを競っていたんです。『ああいいんだ。ここでは自然体で、ありのままでいいんだ』と思いました。

それからですね。あの闇が晴れていく感じがしたのは」

自分が最も否定していた部分をこうして肯定されたことで、何も恐れず、ありのままの自分をさらけ出せるようになったのでしょう。

「やっと居場所を見つけました」

そう言って笑う文弥の周りには、いま多くの後輩たちが彼を囲むようにして集まってきます。彼から放たれる優しい光に包まれるようにして。

「この学校で、自分のコンプレックスが音楽的武器になることを学びました。コンプレックスを正直に音楽に乗せて表現したとき、自分にしかない説得力が持てるってことを学んだんです」

そう言ったのはアーティスト学科の聡史（仮称）です。

「コンプレックスでさえ、自分らしさのひとつなんだよ」と伝えられる教育的力が音楽にはあるのです。

小・中学校時代、不登校だった子どもたちが、入学直後から無遅刻・無欠席で登校できるようになります。なかには佐賀や熊本から片道２時間以上もの時間をかけて毎日通学して来る子もいるのです。

「楽しいところには行きたいと思うから」

生徒たちにそう言わしめる魅力が音楽にはあるのでしょう。

まさしく〝音楽〟という名の学校で、さまざまな子どもたちが蘇生していきました。

日本はいま、急速な少子化が進んでいます。もはや一人の子どもだって見捨てられないはずです。

勉強が得意な子も、そうでない子も。

スポーツが得意な子も、そうでない子も。

友だちをつくるのが上手な子も、そうでない子も。

親から捨てられたと思っている子も、そうでない子も。

親から暴力を受けてきた子も、そうでない子も。

生きる希望をなくしてしまった子も、そうでない子も。

すべての子どもが自分に対する誇りを持ち、可能性を信じ、希望を持って生きていける、そんな社会にしなければなりません。

それは、私たち大人に課せられた責任だと思うのです。

教育とは、子どもたちに「自分がどれだけ素晴らしい存在であり、未来がどれほどの希望に満ちているかを気づかせること」なのだろうと思います。


さまざまな問題が山積みの日本において、政治家もどこから手をつければいいのか戸惑っているように見えます。

〝教育から始めればいい〟

私はそう思うのです。

なぜなら私が日々接している15歳から20歳前後の子どもたちも、あと15年もすればみんな30歳を越えます。日本のあらゆる分野の中核を担う世代です。

もし目の前の子どもが、より良い社会づくりに積極的に関わっていく人に育ったら、そして自分以外の誰かの幸せに貢献できる人になれたなら、たったの15年で日本は大きく変わっていけると思うのです。

そしてその一助となっていきたいと、私はこころから願っています。

おわりに

教育者でもなかった私が、講演を依頼されることや、こうした本を書く機会に恵まれることなど、学校を創ったころは想像さえしていませんでした。

いまは、「自分の人生が自分以外の誰かの役に立っている」そう実感できることに心から喜びを感じています。

つまり、本校「C&S音楽学院」は私自身の「Socialize（社会化）」でもあったのです。

ある会場での講演が終わり、帰ろうとしたときのことです。

講演を聴いてくださった母娘が、会場を出ようとする私に歩み寄ってきました。「私を待っておられたのですか？　少し時間がありますのでお話ししましょうか」と私が座席に案内しようとすると、娘さんが「お母さんは来んで！」と強い口調で母親を制したのです。

戸惑う母親に彼女がもう一度同じ言葉を繰り返したので、「それならお母さん、こちらで少し待っていてもらえますか」と、私は母親をそこに残し、少し離れた場所の座席に彼女を促しました。

椅子に座るや、彼女は私の目をまっすぐに見つめたまま大粒の涙を流し、嗚咽をこらえながら話し始めました。

「私は小さいころから母親にとても厳しく育てられたんです。母は私のやりたいことにはいつも反対ばかりしていました。心配症のそんな母が嫌で、自分が子どもを産んだときのことを考えたら、自分もこんなふうにしか子どもを育てられないのかなって絶望的な気持ちになっていたんです。でも今日、お話を聴いて答えを見つけたんです。とてもうれしくて、それをどうしてもお伝えしたいと思って待っていました」

泣きながら、彼女は興奮を抑えきれないようでした。そしてこう続けたのです。

「私には〝夢〟があります。それはクラブのDJになることなんです。私はいま25歳なんですけど、10代のころにクラブに入り浸って、親にすごく迷惑をかけました。いまは自宅にいますが、当時はあまり家にも帰っていませんでした。

だから、DJになりたいなんて言うと、母と毎回大喧嘩になるんですね。

親の反対を押し切って、家を出て夢を追うべきなのか、それとも親を安心させるためにあきらめるべきなのか、今すごく悩んでいます。どうしたらいいでしょうか?」

そんなふうに彼女は私に答えを求めてきました。

「もうお母さんに心配をかけたくないんだね」

そう言うと、彼女はコクリとうなずき、また泣きました。

「じゃあ、もう絶対お母さんに心配をかけないと決めよう。そうすれば、夢をあきらめることなく自分の思い通りの人生を生きられて、お母さんもそのことを心から喜んでくれる、そんな日が必ずくるよ」

そう言うと、彼女は驚いたように顔を上げました。

「本当ですか」

さっきまでの彼女とは別人のような、希望にあふれた顔がそこにありました。

「本当です。いまからお母さんを呼んでくるから、感情的にならずに『もうお母さんに絶対心配をかけない自分になる』と言えるかい？」

「ええっ、いま言うんですか……、照れ臭いし」

「新しい自分に変わっていく、その第一歩だから」


涙を拭う彼女の隣に座った母親は、そっと娘にハンカチを渡しました。

そして娘は意を決したように母親に向き直りこう言ったのです。

「お母さん……、私、変わるけん……。もうお母さんに心配かけないよう努力する。そして〝夢〟を叶えたい」

しかし、〝夢〟と聞いた母親は、途端に顔を曇らせました。もう二度とクラブに行かせたくないのでしょう。

「お母さんの心配はわかります。でも、どこに行っても危険はそばにあります。家のなかにいたって、いまはインターネットで誰とでもつながってしまうのです。

大切なことは、どこに身を置くかではなく、どんな人になるかです。

いつかは子どももお母さんの手を離れ、家を出て行くのですよ。

お嬢さんが夢をあきらめたら、お嬢さんに悔いが残るでしょう。逆にあきらめなければ、お母さんに悔いが残ります。どちらにしても、いまのままではお二人の間にしこりが残ってしまう気がします。

だけど、お母さんがお嬢さんの夢の実現をこころから喜べる、そんな関係がつくれるんです。

大丈夫です。お嬢さんが夢に挑戦するにしても、お母さんに心配をかけるうちは、そうしませんから」

私がそう話すと、母親はそっと隣の我が子の顔を見つめました。

「この子のこんなキラキラした表情を見るのは初めてです」そう言って、娘さんの手からハンカチを取り戻し、それを自分の目頭にあてたのです。

そして長い息を吐いた後、こう言いました。

「私が変わります。娘を理解してやれる親になれるように努力します」

その言葉を聞いた娘さんは驚いたように顔を上げ、また泣き出してしまいました。

「今日、参加して本当に良かったです。まさか、こんな日が来るなんて……」

お母さんのその言葉は、終わらないうちから嗚咽に変わっていました。

そこから、新しい二人の関係がスタートしたのです。

何度も何度も振り返って頭を下げながら、母娘は帰って行きました。


ずいぶん前に聞いた話ですが、胎児はその成長過程で魚に似た形態をとり、えら呼吸をする時期があるそうです。

これは、まるで生命が海で誕生し、陸へと上がっていった人間の進化の歴史を、赤ん坊が母親の体内で十月十日の内に大急ぎで再現しているかのようです。

きっと母親は子どもにとって自らの生命のふるさと、〝海〟のような存在なのかもしれません。


だから人は〝海〟にあこがれ、〝母〟の優しさに癒されるのでしょう。

おわりに

【参考文献】
ルソー 著・今野一雄 訳『エミール』（岩波文庫）
村上龍 著『「教育の崩壊」という嘘』（日本放送出版協会）
トマス・ゴードン 著・近藤千恵 訳『親業』（大和書房）

お母さんたちへ

思い出してみましょう
子どもが生まれてくるときに願ったことを

「無事に生まれてきてください！」
私がそうだったように、皆さんも
ただそれだけだったのではないかと思うのです
「ほかに何も望みません」
そう誓ったのではなかったでしょうか？
そして、ほとんどの子どもが
その期待に見事に応えてくれました

それなのに
いつからか、そんなことも忘れてしまって
「静かにしなさい！」
「早くしなさい！」
「どうしてこんなことができないの！」
ついつい、子どもを叱ってばかりいませんか？
目が合えば命令して追い込んで
親が決めた「できて当たり前」からの減点主義
「あなたのためなんだから」と言いながら

思い出してください
初めて子どもの笑顔を見たとき
この笑顔さえあれば、もう何もいらないと祈ったこと
駆けっこが遅くても、上手くお遊戯ができなくても
みんなと行進している我が子の姿を見るだけで
目頭を熱くしたこと
私たちは、いつしか、みんな忘れてしまって
「親側の思い」ばかり押し付けてはいなかったでしょうか

学校帰りの道端に咲いていた白い花を
「お母さんに」と小さな手で握りしめていた
そんな子だった
その清らかさと優しさに包まれたこともあるのに……

もう一度、感謝するところから始めましょう
「ただいま」と学校から無事に帰ってくることは
実は「当たり前」のことじゃなかった
「おはよう」と自分で起きてくることも
「行ってきます」と元気に学校に行くことも
みんな、みんな、「当たり前」のことなんかじゃなかったのです

そして、とても悲しいことだけど
いつかそんな子どもとも別れなくてはいけない
そのときが、やってくるのです
可愛かったあの笑顔も、照れくさそうに頭をかく仕草も
ぶっきらぼうな話し方も、心細そうな瞳も
もう見ることができなくなるそのときが

「お母さん、歯磨き粉がな〜い」

「シャツはどこ？」

「今晩のおかずは何？」

「いつか気が向いたら親孝行するからさ。まあ、それまでは長生きしてくれよ」

そんな生意気な言葉も、もう聞けなくなる日が
子どもに別れを告げなくてはいけない日が来てしまうのです

だからこうして過去を確かめ、未来を想像しながら
いまがどんなに大切な「瞬間」なのかをかみしめて
子どもへの接し方を見直しましょう

そして忘れかけていたこの言葉を
もう一度、一緒に子どもたちのもとへ届けましょう

生まれてきてくれて、ありがとう

自分らしく歌うがいい

不登校なんかで壊れるな「家族」

2013年5月12日　初版第1刷発行
著　者　毛利直之
発行者　山口教雄
発行所　学びリンク株式会社
〒102-0076 東京都千代田区五番町10　長島ビル2F
電話　03-5226-5256　FAX　03-5226-5257
ホームページ　http://stepup-school.net/
印刷・製本　株式会社　光陽メディア

ISBN978-4-902776-74-4